Stephan Szugat

SINTA-SE ÓTIMO:

A
Decisão
é Sua!

Como Mudar seus Sentimentos
Decidindo Como você Gosta de se Sentir

Informações Bibliográficas da Biblioteca Nacional Alemã: A Biblioteca Nacional Alemã listou essa publicação na Bibliografia Nacional Alemã; dados bibliográficos detalhados estão disponíveis no site dnb.dnb.de.

Impressão e Editora: BoD - Books on Demand, Norderstedt, Germany

1. Edição
Imprimir: 9783756840236
eBook: 9783756843640

Revisão da tradução em Português por Gabriela Duarte https://www.fiverr.com/gabiduartee

Desenho da capa por Stephan Szugat com base na imagem abstract-background-5185688 por AbdulStudio https://pixabay.com/images/id-5185688/.

Foto Cortesia para fotos e ilustrações editadas ou não criadas pelo Autor deste livro:

A imagem twister-303892 encontrada em https://pixabay.com/vectors/twister-tornado-typhoon-spiral-303892/ foi usada como base para o gráfico Twister da Escala Emocional criado por Stephan Szugat.

Aviso

O autor e a editora desse livro e dos materiais que o acompanham fizeram o melhor para preparar essa obra.

O autor e a editora não fazem nenhuma representação ou garantia com relação à precisão, aplicabilidade, adequação ou integridade do conteúdo deste livro. Eles renunciam a qualquer garantia (expressa ou implícita), comercialização ou adequação a qualquer propósito em particular.

O autor e a editora não serão, em nenhuma hipótese, responsabilizados por qualquer perda ou outros danos, incluindo, mas não limitados a danos especiais, incidentais, consequentes ou outros. Como sempre, deve ser procurado o conselho de um profissional competente nos campos jurídico, fiscal, contábil ou outro.

O autor e a editora não garantem o desempenho, eficácia ou aplicabilidade de qualquer ideia listada neste livro. Todos os links servem só para fins informativos e não são garantidos pelo conteúdo, precisão ou qualquer outro propósito implícito ou explícito.

O material fornecido neste livro ou qualquer material relacionado serve só para fins educacionais. O autor e a editora não estão fornecendo nenhum serviço psicológico e o livro não serve como recomendação sobre qualquer tipo de tratamento ou terapia.

Tabela de Conteúdos

Introdução

O que Você Pode Obter deste Livro

Este livro é sobre Como e Por que você pode entrar em Alta Energia para se sentir ótimo.

É claro que este livro também lhe dirá como Ficar em Alta Energia, assim como as suas desvantagens e os benefícios que ela tem para você e para os outros.

Não se trata de Pensamento Positivo, não se trata de Motivação ou Atenção plena. E até mesmo não se trata de Meditação ou Mentalidade.

Além disso, este livro não tem nada a ver com ideias esotéricas ou fora deste mundo. De jeito nenhum. É baseado em minhas próprias experiências.

E mesmo que você ainda não me conheça, pode confiar em mim, por que eu não gosto dessas coisas malucas de céu do tipo "Você também pode fazer isso"- Blabla.

Introdução

Já estive em muitos eventos motivacionais no passado, onde eles diziam a todos para dançar e bater palmas porque você é o maior.

Alguns dias fora do evento e você está de volta à "vida normal". Acho que você sabe o que quero dizer. Você fica sobrecarregado com estes eventos, mas ninguém lhe diz como manter sua alta energia.

Especialmente quando a próxima coisa ruim acontece ou mesmo quando nada acontece por um período de tempo mais longo.

Embora eu estivesse sempre em busca de algo mais sustentável. Curiosamente, quando você observa e tenta coisas diferentes, você descobre muito mais do que os outros poderiam lhe dizer sobre si mesmo.

Trata-se de como administrar sua energia — e como resultado, você também pode influenciar positivamente a energia das pessoas ao seu redor.

Ok, vamos olhar para a Autoconsciência, que também é uma coisa que você faz com o Consciente e outras abordagens. No entanto, você ainda se concentra na energia usando os exercícios deste livro.

Oh, eu não mencionei isso até agora que há exercícios neste livro. E é uma ideia muito boa fazer esses exercícios de novo e de novo.

Não se preocupe, eles são fáceis e só precisam de um pouco do seu tempo. Você pode terminar um exercício em menos de um minuto, mas pode até levar muito mais tempo para isso, se gostar.

Portanto, os exercícios não são demorados. Isso é porque eu também não gosto de coisas demoradas.

Além disso, é fácil integrar os exercícios em sua vida diária. No entanto, você descobrirá que é uma boa ideia aumentar sua consciência sobre seus sentimentos e pensamentos.

A autoconscientização é uma das muitas abordagens. Depende totalmente de você qual abordagem você escolheu. Selecione uma abordagem que combine com você. Uma abordagem com a qual você se sinta confortável.

Ficando em Alta Energia você está indo além do Pensamento Positivo ou mudando seu Conjunto de Mentes.

Por último, mas não menos importante, talvez você descubra que repito coisas aqui e ali. Isto não é um acidente, isto é por propósito.

E não é para encher este livro, é para lembrá-lo. Aprendemos pela repetição. Você aprendeu a andar pela repetição.

Qualquer coisa que você aprendeu foi por repetição. Você repete as coisas de novo e de novo até sentir "Ah-Ha, agora eu entendi". É o mesmo com o tema deste livro.

Aqui está um resumo rápido do que você pode obter deste livro::

- ▶ Como entrar em alta energia
- ▶ Como permanecer em alta energia
- ▶ Exercícios para fazer o acima

O que Isso Interessa Para Você?

Como já mencionado, existem métodos simples para você se levantar. Mas o mais importante são os benefícios que você poderia colher para si mesmo e para os outros. Por que para os outros? Por que não? Explico isso em um momento.

Primeiro, vamos ver o que interessa para você pessoalmente. Aqui "pessoalmente" significa todas as áreas de sua vida. Você não poderia melhorar uma área de sua vida sem beneficiar outras áreas também.

Você pode acabar com mais clareza sobre o que está acontecendo dentro de você. Isso não é tudo. Você pode ganhar mais clareza sobre o que você quer de sua vida. O que, por sua vez, poderia levar a uma melhor tomada de decisões. Você também poderia ganhar mais clareza sobre seus relacionamentos. Ou até mesmo melhorar seus relacionamentos.

E, claro, você se sentirá mais poderoso ou até empoderado. Há uma chance de você conhecer alguns dos conceitos que descrevo neste livro. Mas talvez o contexto no qual eu o apresento seja novo ou diferente para você.

Embora, esperemos, você obtenha resultados sobre as interconexões que todos nós temos uns com os outros, assim como sobre as interconexões psicofísicas dentro de nós.

Isso me traz de volta aos benefícios para os outros. Bem, pode ser que outras pessoas se beneficiem quando sua energia fica cada vez mais alta também.

Como isso acontece? Você se sente melhor, portanto pode agir mais amoroso, mais educado, mais pacífico. E muito mais. Isso é um ganho para os outros, pois é mais fácil se dar bem com você. Isso não significa que os outros podem passar por cima de você.

Seus relacionamentos podem melhorar, o que é um benefício para todos com quem você tem um relacionamento. E isso envolve um monte de gente. Isso é ótimo. Imagine que todos adoram estar perto de você e/ou gostam de fazer negócios com você. Concordo que essa é uma boa imagem, mas pode não acontecer.

Sempre haverá pessoas que podem não gostar de você. Está tudo bem, não precisamos gostar de todos e não precisamos agradar a todos.

Aceitar esta verdade também ajuda seus relacionamentos. Querer ser a xícara de chá de todos é um objetivo inalcançável. Outros talvez se sintam mais bem com você quando sua energia estiver alta.

Mas não é essa a questão aqui. Não se trata de fazer você ser amado. Trata-se de torná-lo consciente do tremendo poder e energia que está dentro de você.

Não acredita em mim? Veja você mesmo. Mas, o que você ganha com isso? Ou, dito de outra forma, quais são os benefícios que você poderia obter com este livro:

▶ Ganhar clareza do que está acontecendo dentro de você.
▶ Ganhar clareza sobre quais decisões a tomar (melhor tomada de decisão nos negócios e na vida).

Introdução

▶ Sentir-se melhor com si mesmo (mais feliz, mais confiante).

▶ Melhorar as relações com os outros.

▶ Mais liberdade para si e para os outros.

▶ Métodos simples para aumentar seu nível de energia.

▶ Reconhecendo quanta energia você tem para atingir seus objetivos.

O que Você não Vai Encontrar neste Livro

Este livro não é sobre provas científicas. Portanto, não vou fornecer nenhuma prova mencionando nenhum tipo de estudo.

Isso porque há muitos estudos por aí, o que pode provar meu ponto de vista e outros que não. Portanto, os estudos são uma boa opção para discussão e aprofundamento do tema, se você estiver interessado.

No entanto, para mim, é mais importante ajudá-lo a experimentar do que se trata este livro. Os estudos o ajudariam a saber intelectualmente do que estou falando.

Mas sua própria experiência é muito mais importante. Sua própria experiência lhe traz o verdadeiro conhecimento que vai além do conhecimento intelectual.

A melhor maneira de provar as coisas para você mesmo é permitir que você as experimente. Mas lembre-se, o que você faz tem consequências. Portanto, este livro é sobre suas experiências interiores.

12

Caso você esteja interessado em mais pesquisas de fundo — no que estou chamando de 'alta energia' — sinta-se à vontade para pesquisar na Internet. Você encontrará muitos estudos interessantes.

Outra coisa que você não encontrará neste livro é um segredo ou uma dica rápida. Isto porque não há segredos sobre os tópicos abordados neste livro. Existem diferentes abordagens para a alta energia. Mas uma dica rápida ou uma maneira rápida de fazê-lo, não existe.

É preciso fazer as coisas com mais frequência para ver os resultados. Isso não significa que as coisas vão ser difíceis. Elas podem parecer difíceis de fazer, mas você pode fazê-las de qualquer forma, pois os métodos que mostro são simples.

No entanto, você mesmo tem que fazer isso. Você tem que usar os métodos descritos neste livro. Ninguém mais pode fazer isso por você.

Para resumir o que não está neste livro:

▶ Referência a quaisquer estudos científicos.
▶ Sem segredos ou dicas rápidas.
▶ Informações sobre qualquer tipo de atalhos.

Um Pouco Sobre Mim Mesmo

Na minha vida eu passei por muita dor por não ser bom o suficiente, não ser bem sucedido o suficiente, não ter a vida que eu queria viver, ficar com raiva, ter vergonha, ser ofendido por tudo o que as pessoas diziam.

Introdução

Penso que isto pode soar familiar para você, pois muitas pessoas têm experiências semelhantes na vida.

No entanto, os Métodos e Técnicas que compartilho com vocês neste livro, me ajudaram a obter resultados, que me ajudaram a superar todas essas emoções e contratempos.

Tudo o que lhe conto neste livro é da minha própria experiência.

No entanto, este livro não é sobre mim, é sobre sua experiência. Essa é a lição mais importante que aprendi na minha vida. Se você experimenta, você sabe disso.

Caso contrário, é bom que você saiba pelo que passei, mas como isso está ajudando você, a encontrar suas próprias respostas, sua própria fonte de energia? Isso só ajuda você, pois eu posso direcioná-lo para onde você pode encontrar.

Por isso, mantenho a história sobre mim mesmo muito curta.

Entrei no Autoaperfeiçoamento e no Pensamento Positivo quando eu tinha cerca de 17 anos de idade. Desde então, tentei e usei métodos diferentes, descobrindo que a maioria deles são muito tediosos ou demorados para serem aplicados diariamente.

Naquela época não havia ninguém falando sobre conseguir entrar ou ficar na Alta Energia. Tudo era sobre auto-aperfeiçoamento - que significa mudar a si mesmo para ser uma pessoa melhor.

Tratava-se principalmente de pensar de uma maneira diferente. Honestamente, isso requer muita energia. A maioria dos pensamentos que temos diariamente são negativos. Basta verificar por si mesmo, observando seus pensamentos.

Nos anos em que comecei, era mais um movimento esotérico. No entanto, houve muitas abordagens que já tinham sido baseadas na ciência, mas extremamente difíceis de integrar em sua vida diária.

Durante os últimos 19 anos trabalhei como Consultor de Gestão Empresarial especialmente para Finanças e Contabilidade o que me deu muitas oportunidades para conversar com Empresários, Proprietários e Executivos e reconhecer como é importante para eles ter ferramentas fáceis e eficazes.

Não que você precise ser alguém como eles. Não, o que se aplica a essas pessoas, aplica-se a cada um de nós.

Ninguém gosta de passar muito tempo mudando as coisas. Eu também não. Sem saber, eu estava procurando o tempo todo para encontrar algo simples e fácil de implementar em minha vida diária.

Sempre que alguém estava interessado, eu poderia ter dado algumas dicas sobre o que eles poderiam fazer por si mesmos. Assim sempre tive um motivo para continuar minha busca.

Para mim, ser focado na solução é fundamental. O que aprendi durante minha vida e observando a vida dos outros é que existe uma solução para qualquer problema/questão, se você estiver disposto a procurá-la e usá-la.

Pode demorar um pouco para você encontrar/ver a solução, mas ela está disponível. Talvez não agora. Continue até que você a obtenha. Isso deve ser o suficiente sobre mim, vamos fazer você experimentar uma energia mais elevada. Vamos lá.

Introdução

Minha história em pontos:

► Passei por momentos difíceis como todos os humanos.
► Comecei com Pensamento Positivo e outras Abordagens aos 17 anos.
► Fiquei mais interessado em abordagens simples que são fáceis de implementar na vida diária.
► Fiquei focado na solução.
► Sempre disposto a aprender.

O Incrível Poder de Ficar em Alta Energia

Você já se sentiu animado quando alguém estava com você e esta pessoa parecia que estava pegando fogo por causa de alguma coisa? Acho que você teve uma experiência assim. Pelo menos uma vez em sua vida você teve, mesmo que não se lembre mais.

Aqui estar em chamas significa que essa pessoa estava brilhando por dentro, totalmente imersa no tópico ou tarefa escolhida. Não importa o que aconteça, essa pessoa ficou no topo de tudo o que veio em seu caminho.

Você deve ter se perguntado de onde essa pessoa tirou todo esse poder. Bem, a resposta é bem fácil. Eles tiraram toda a energia de dentro. Mesmo que tenham feito isso inconscientemente.

A maioria de nós pode dizer "eu não tenho um poder tão grande" ou "eu não poderia estar tão entusiasmado com algo". É mesmo? Acredito que você teve pelo menos uma vez em sua vida algo pelo qual se sentiu animado.

Mas algo fez você parar ao longo do caminho para alcançá-lo ou continuar. Não estamos olhando para trás com este livro.

É mais importante que você reconheça, que sim, havia algo pelo qual eu estava totalmente em chamas. Para voltar ao ponto, estar em alta energia é bom e traz muitos benefícios para você e para todos ao seu redor.

No entanto, quais são os benefícios para você? Você se sente ótimo. Só isso já é um grande ganho. Você é mais pacífico, mais receptivo, mais positivo. Além disso, você faz as coisas com mais facilidade, embora seja mais produtivo.

Isso não é tudo. Estar em Energia Alta também é bom para você, pois você fica menos estressado e sua saúde se beneficiará com isso.. Como se isso não fosse suficiente, estar em uma energia superior também beneficia seu ambiente, o que envolve todos à sua volta. Talvez até mesmo todos no mundo, em certa medida.

Para dizer a verdade, nós humanos parecemos ainda não ter entendido completamente como estamos interconectados em todos os níveis da vida. Se entendêssemos, deixaríamos de nos prejudicar uns aos outros, mesmo com palavras.

Até a ciência está se atualizando, especialmente na física quântica, surgiram novas teorias ou suposições interessantes sobre a energia que somos.

Para os propósitos deste livro, vamos apenas olhar para o incrível poder de permanecer em energia superior e explorar nossas próprias experiências, em vez de mergulhar mais fundo em teorias científicas.

A experiência que você tem para si mesmo é muito mais importante do que ler sobre isso em qualquer livro ou ouvir falar sobre isso de outra pessoa.

> Imagine ser alegre, pacífico e calmo o tempo todo e conseguir as coisas que você quer que sejam feitas com facilidade. Isso é ótimo? Eu acho que sim. Reconheceu o pequeno exercício que acabou de fazer? Eu pedi que você se imaginasse alegre, pacífico e calmo.

Você não poderia imaginar ser isso, sem ser isso. Interessante, certo? Assim, você não poderia imaginar como se sentir, você apenas sente.

Agora, como você vai se sentir assim o tempo todo? Juntos, vamos dar uma olhada nisso e examinar as opções. Mas primeiro, precisamos olhar para algumas outras coisas também.

Por exemplo, temos que olhar para deixar de lado os sentimentos/ emoções. Soltar uma sensação/emoção é como soltar um lápis que você segura na mão. Basta deixá-lo cair. Com sentimentos, é o mesmo princípio, mas você não consegue ver seus sentimentos ou tocá-los. Portanto, você tem que se conectar a um sentimento/ emoção que você gostaria de deixar ir e decidir abandoná-lo. Isso é tudo o que você precisa fazer. Quando você se sente um pouco mais leve, você sabe que deixou cair a sensação/emoção.

Se você é uma pessoa mais visual, você pode imaginar a energia da sensação de evaporar através de sua pele ou fluir para fora na sola de seus pés. Há tantas abordagens possíveis aqui. Basta fazê-lo da maneira que você se sentir mais confortável.

Como seu Nível de Energia Influencia sua Capacidade de Tomada de Decisão

Cada um de nós já teve a experiência de que as decisões que você toma de mau humor podem não trazer os resultados que você realmente deseja.

E pior ainda, eles podem até prejudicá-lo mais tarde. E "mais tarde" pode até significar anos mais tarde.

Por outro lado, se você tomou decisões a partir de uma energia mais alta e positiva, os resultados são melhores e duram ainda mais (pelo menos na maioria das vezes é o caso).

Isso é algo que observei tantas vezes. Não só comigo, mas também com os outros.

Decidir por medo é se concentrar no que você não quer. Claro, você decide fugir desse medo.

A princípio, parece que tudo está bem. Mais tarde, acontece algo que pode até parecer não estar relacionado à sua decisão anterior mas que resulta desta decisão medrosa.

Mais uma vez, você não precisa acreditar em mim. Investigue sua vida. Você já decidiu de mau humor? Todos nós já decidimos.

Como foi o resultado? Foi bom? Aconteceu alguma coisa mais tarde, talvez anos depois, onde você se arrependeu dessa decisão passada?

Não seria nenhuma surpresa para mim. Sim, sempre haverá decisões sobre as quais você se sentirá um pouco nervoso ou incerto. Eles costumam ter este sentimento de "Uh-oh". Espero que você saiba o que quero dizer.

Independentemente disso, será mais fácil tomar qualquer decisão, quando você estiver em alta energia. Isso não significa que o nervosismo ou a incerteza desapareçam. Você está apenas mais bem com estes sentimentos.

Agora verifique as decisões que você tomou a partir de um sentimento muito bom. O que você lembra? Acho que não houve nenhum evento de tiro pela culatra depois, nem mesmo anos depois.

E eu acho que você se sentiu ótimo e teve uma espécie de certeza de sua decisão. Mesmo que você não soubesse dizer por que está tão certo.

Caso houvesse algo atirando em você, então poderia não ter sido tão prejudicial como com decisões tomadas de mau humor. Pelo menos essa é a minha própria experiência.

Aqui está o exemplo de como seu nível de energia está influenciando sua capacidade de tomada de decisões. Quando seu nível de energia está baixo por estar de mau humor como medo ou hesitação, há uma espécie de sensação de nevoeiro.

Parece que você não consegue formar um pensamento claro, mas está ciente de tudo o que acontece. Você pode até se sentir entorpecido ou paralisado. Tomar boas decisões em tal estado é difícil. Talvez até impossível.

Com os métodos mostrados neste livro, você tem a chance de sair de tal estado de espírito e tomar sua decisão de um lugar melhor.

Você não precisa esperar até que se sinta bem para tomar decisões, você poderia ativamente mudar seu estado de espírito.

Mudar seu humor requer coragem, disposição e determinação. Não está acontecendo por si só. Você tem que decidir e seguir em frente com sua decisão.

É uma coisa simples, mas às vezes não tão fácil. Você e eu sabemos disso.

Então, aqui estão as razões mais importantes pelas quais seu nível de energia influencia sua capacidade de tomada de decisão:

► As decisões tomadas de mau humor podem ter um efeito contrário, mesmo anos depois.
► Enquanto você está de mau humor você pode se sentir nebuloso, entorpecido ou paralisado, o que não são bons estados para tomar decisões.
► Melhores decisões poderiam ser tomadas a partir de níveis de energia mais elevados.
► Você só se sente bem quando sua energia está alta.
► Você está no "fluxo" quando sua energia está alta. Isso significa que as coisas estão apenas fluindo mais facilmente — e mesmo que as coisas não pareçam fluir facilmente, você ainda pode se sentir relativamente calmo e mais propenso a aceitar as coisas.

Como seus Sentimentos Afetam seu Nível de Energia

Seus sentimentos têm uma conexão direta com seu nível de energia. Se você se sente deprimido, você não gosta de fazer nada. Se você se sente animado, você se sente pronto para enfrentar tudo. Provavelmente você já experimentou por si mesmo. Se você se sente para baixo, é difícil começar e conseguir fazer qualquer coisa. Quando você se sente ótimo, tudo flui com facilidade.

No entanto, não precisa ser o caso de mau humor, depressão ou emoção negativa ter um impacto em seu nível de energia. Isso porque podemos examinar a causa do mau humor ou da emoção negativa.

Na maioria das vezes, você descobrirá que é um sentimento que pode não estar relacionado ao momento presente. Agora você tem o poder de sobrescrever qualquer coisa que a mente traz como um sentimento. Seu poder de sobrescrever a mente está em sua decisão. Você pode decidir seguir os pensamentos e sentimentos negativos ou pode decidir deixá-los ir e ser positivo, não importa o que aconteça.

Sim, isto pode não ser fácil o tempo todo. Entretanto, é muito simples. Você decide e se mantém fiel à sua decisão. Se você planta uma árvore, não a escava após uma hora só porque não vê nenhum progresso. Se você decidir ser positivo e mais sentimentos negativos surgirem, você pode decidir novamente ser positivo. E você pode fazer isso de novo e de novo e de novo. Até que você esteja se sentindo cada vez mais positivo.

23

Você não é o escravo de seus sentimentos. Você é o mestre deles! Além disso, você se permite experimentá-los ou deixá-los ir e ser positivo.

Como abadonar um sentimento é algo que você sabe desde sua infância. Talvez você só tenha de esquecer como fazê-lo conscientemente. Continuem lendo, vamos procurar deixar seus sentimentos de lado mais tarde também.

Não se trata de suprimir seus sentimentos sendo positivo ou sobregravando-os, trata-se mais de aceitá-los e decidir a se sentir diferente. Aceitar seus sentimentos pode ser a coisa mais difícil de se fazer quando você realmente se sente para baixo. Entretanto, a decisão de se sentir para baixo ainda é sua. Portanto, talvez você não tenha decidido aceitar e deixar ir.

Vamos fazer uma pequena experiência para que você entenda melhor o que eu quero dizer. Pense em algo que o puxa para baixo. O que você sente? Não se sente bem, certo? Pense em algo bom que o deixa para cima? Sente-se melhor? Quem decidiu em que se concentrar? Foi você, certo? Eu acabei de lhe dar um exercício novamente, mas você que decidiu fazer.

Você precisou suprimir os sentimentos ruins? Não, você apenas decidiu mudar seu foco e se sentiu melhor. Não é fácil?

No entanto, é preciso prática e persistência para tomar essas decisões novamente. É preciso seu esforço e vontade de continuar, não importa o que aconteça ao seu redor.

A decisão é sua, e você só pode decidir de um lado da moeda. Isso é ser negativo e se sentir mal ou ser positivo e se sentir bem.

Você não pode se sentir bem e mal ao mesmo tempo. Isso nem sempre é correto. Às vezes nos sentimos bem e mal ao mesmo tempo. Eu chamo isso de sentimentos mistos.

Pode ser que você esteja entusiasmado com algo novo e, ao mesmo tempo, você se sinta nervoso ou ansioso com isso também. Quando você se dá conta do nervosismo ou ansiedade, você pode fazer algo a respeito. Você deixa passar e se concentra na boa sensação.

Agora, vamos verificar como seus sentimentos afetam seu nível de energia.

Aqui está outro exemplo. Quando você sai da cama pela manhã, e você se sente em baixo. Como vai ser seu dia? Acho que não iria tão bem quanto poderia. Você e eu sabemos como são esses dias. É tanto que você acha que poderia odiar a si mesmo.

Parece ser um fluxo interminável de auto-ódio e desaprovação. E além disso, também começamos a fazer com que outros se enganem.

Basta verificar, quão produtivo você está nos dias de hoje? Seu nível de energia é alto ou baixo? Provavelmente é baixo. E você não vê nenhuma chance de mudar isso.

No entanto, tudo isso são apenas sentimentos e histórias em sua mente. Você os ouve e lhes dá vida.

Quando você parar de fazer isso, você pode experimentar como você já se sente melhor. Quando você começar a se dar energia positiva, ficará muito mais leve e se sentirá ainda melhor.

Você também pode ter tido a experiência de que seu dia começou como descrito acima, mas algo aconteceu durante o dia e seu humor mudou.

A partir daquele momento, seu dia se desenrolou bem. Você já investigou o que o levou a mudar de humor?

Se você fez ou não, não importa no momento. Você poderia fazer isso agora mesmo. Lembre-se de um dia assim. Procure o momento em que seu estado de espírito mudou.

O que você reconhece? Aconteceu algo que o fez mudar sua decisão sobre como você se sente? Acho que foi esse o caso.

Outro exemplo de como seus sentimentos afetam seu nível de energia: imagine ouvir sua música favorita. Como você se sente? Sente a vibe?

Excelente. Agora, você diria que se sente melhor do que antes, só porque ouve sua música favorita? Espero que sua música favorita esteja cheia de vibrações positivas.

No caso de sua música favorita ser melancólica, bem, isso não vai lhe trazer muita energia. É mais provável que isso o faça descer ainda mais.

O que não significa que seja ruim ouvir essa música. Às vezes eu gosto desse tipo música também. Mas se você gosta de entrar em alta velocidade, você tem que gostar de ouvir algo positivo e vibrante. Eu, por exemplo, adoro ouvir algum tipo de Pop Rock, Soft Rock, ou outra música com uma batida alta. Imediatamente eu me sinto muito melhor.

No entanto, até agora você já deve ter uma compreensão clara de como seus sentimentos afetam seu nível de energia.

Isso não significa que seus sentimentos sejam ruins ou problemáticos. São apenas sentimentos, e você é o responsável por decidir se gosta de segui-los ou fazer algo diferente.

Ok, outro exemplo do efeito dos sentimentos. Você já teve alguma vez uma situação em que outro ser humano o irritou? Se não, você tem tanta sorte, espero que saiba disso.

Bem, mas a maioria de nós já passou por isso. Como seu dia evoluiu após um incidente, que você sentiu muita raiva? Você se sentiu produtivo? Depende, certo? Talvez você possa canalizar sua raiva em seu trabalho e se livrar dela dessa forma. Caso contrário, pode não ter sido um dia tão bom, eu acho.

De qualquer forma, você entendeu o ponto novamente. Você não é a raiva. Você pode seguir a raiva ou decidir deixar a situação de lado e seguir em frente. Quando criança, você fez isso muitas vezes, sem se lembrar disso. Agora vamos dar uma olhada mais de perto de onde esses sentimentos – que afetam seu nível de energia – realmente vêm.

Mais uma vez, não se trata de fazer nada de errado. Estamos falando aqui de condicionamento humano. Do meu ponto de vista, é relativamente simples.

No entanto, não é fácil sair do ciclo de condicionamento humano de um momento para o outro. Mas talvez seja possível quando tivermos uma melhor compreensão de como os sentimentos e pensamentos funcionam.

Abaixo, você encontra uma imagem que visualiza como os sentimentos afetam seu nível de energia e sua vida.

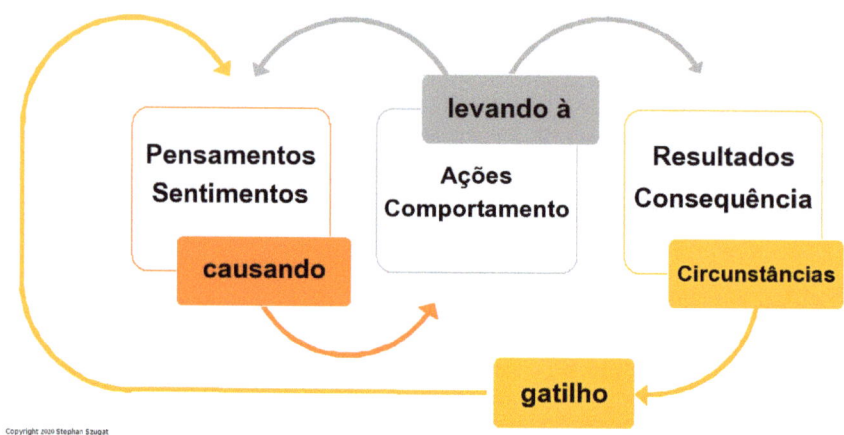

Dê uma olhada na imagem acima. Você vê "Pensamentos & Sentimentos" que estão causando "Ações & Comportamentos" que, por sua vez, levam a "Pensamentos & Sentimentos", bem como "Resultados & Consequências".

Os "Resultados & Comportamentos" são as circunstâncias criadas a partir das "Ações e Comportamentos" que você mostrou. Então as circunstâncias provocam mais "Pensamentos & Sentimentos" e o ciclo começa tudo de novo.

Este ciclo funciona 24/7. Mesmo enquanto você dorme. Neste livro, usamos "Sentimentos" para levá-lo a uma energia mais elevada. Por que isso? Bem, como você pode ver acima, seus sentimentos são uma espécie de causa raiz do que você está fazendo e quais podem ser seus resultados.

O impacto é o maior possível com seus sentimentos. Os sentimentos têm ainda um impacto mais forte do que seus pensamentos. É por isso que você precisa de muitos pensamentos positivos para mudar as coisas, mas muito menos sentimentos positivos para fazer o mesmo.

Não acredite em mim. Basta verificar por si mesmo. O sentimento de medo é mais forte, ou o pensamento de medo? Você simplesmente PENSA o "medo", ou você também sente ele? Às vezes, o sentimento de medo pode nos fazer sentir como se estivéssemos prestes a morrer - independentemente de nossos pensamentos racionais. Além disso, isto é uma prova para você mesmo de que seus sentimentos são mais poderosos do que seus pensamentos.

Além disso, pensamentos e sentimentos jogam juntos. Eles normalmente não ocorrem separadamente. Um pensamento é algo como um conceito ou uma idéia sobre algo. Dependendo do conceito ou idéia sobre algo, podemos experimentar sentimentos diferentes.

Pode haver idéias que nos fazem sentir bem, enquanto outras idéias ou conceitos sobre nossa vida podem nos fazer sentir mal. A mente funciona em imagens, e não consegue entender as palavras. Aqui está um teste disso: Pense em um cavalo. Seu pensamento foi "C a v a l o" ou você tinha uma imagem de um cavalo em mente? Presumo que era a última.

Chega de desvio para a mente. Vamos voltar ao assunto aqui novamente. Agora você provavelmente pode entender melhor por que a música positiva tem um impacto em seus sentimentos e, portanto, em seu nível de energia.

O Incrível Poder de Ficar em Alta Energia

A partir do nível de energia mais alto em que você entra, é mais provável que você execute as Ações corretas, tendo assim os Resultados que você ama.

Muitos dos pensamentos e sentimentos que temos são subconscientes, o que significa que você nem sempre está ciente do porquê de agir de uma certa maneira. Se você notar algum comportamento automático, basta parar por um momento.

Quando você para no meio de um comportamento automático, você está a caminho de mudá-lo. Mas esse não é o nosso tópico.

Para resumir como seus sentimentos afetam seu Nível Energético:

▶ Sentir-se negativo é igual a baixos níveis de energia.
▶ Sentir-se positivo é igual a altos níveis de energia.
▶ Os sentimentos são mais poderosos do que os pensamentos.
▶ Pensamentos e sentimentos muitas vezes surgem juntos.
▶ Há muitas maneiras de tirar você de um mau humor.
▶ Ficar de mau humor é sua decisão (a cada momento).
▶ Você está encarregado de como você se sente.

Seu Nível Energético e Produtividade

Quando sua energia está baixa, você é muito mais lento do que costum ser. Seu raciocínio pode ser mais lento, suas reações podem ser mais lentas. E leva mais tempo para fazer as coisas. Até mesmo as coisas rotineiras.

Com pouca energia, você pode reconhecer que leva mais tempo para entender as coisas. Mesmo seguir uma conversa pode exigir mais esforço do que o normal.

Você pode observar algo assim quando se lembra de ter dores de cabeça. Você pode reconhecer que tudo se sente arrastado.

Enquanto você está tendo dores de cabeça, seu fluxo de trabalho também é mais lento. Isso é diferente de quando você se sente no topo de tudo. Então seu fluxo de trabalho pode ser tranquilo e tudo fica mais fácil pelas suas mãos.

Já teve um dia assim, em que tudo estava em um fluxo harmonioso e as coisas eram feitas magicamente? Você deve ter se perguntado no final do dia: "Como eu fiz isso? Realizando tanto em um único dia".

Bem, isso é estar no fluxo de maior energia. Você pode criar esse tipo de "fluxo" para si mesmo repetidas vezes. No entanto, você não pode forçá-lo. Se não, não vai acontecer.

Como eu sei? Bem, eu tentei forçá-lo tantas vezes. No entanto, quando não estou forçando, funciona melhor. Não se preocupe, vou lhe dizer exatamente o que estou fazendo. É tão fácil, tenho certeza que você também pode fazer isso.

Ele só toma sua decisão e determinação. Mas não precisa de nenhum tipo de força de vontade.

Além disso, não é necessário nenhum esforço extremo de raciocínio. Isso também é contraproducente.

Um ambiente livre de distrações pode ajudar, mas também não é necessário. Quando você mergulha totalmente em algo, não importa o que está acontecendo ao seu redor.

Certo, aqui estão alguns pontos sobre sua energia e produtividade:

► Quando se sente para baixo, qualquer tarefa leva mais tempo.
► Quando se sente alto/bom, qualquer tarefa é feita muito mais rapidamente.
► Estando em alta energia, você poderia reagir mais rapidamente (fisicamente e mentalmente).
► O fluxo de trabalho é mais harmonioso com níveis de energia mais elevados.

Quão Irresistível é a Alta Energia

A alta energia é contagiosa. Não acredita em mim? Aqui está a prova.

Você já esteve em um grupo de pessoas quando alguém começou a rir lá e todos começaram a rir também?

Sim? Isso foi uma energia contagiante. A verdadeira alegria é a alta energia. Se sua resposta foi não, bem, vamos ver o que poderíamos fazer.

Talvez você tenha tido uma experiência em que uma pessoa estava entusiasmada com alguma coisa, que a energia dela o puxou também. Ou você simplesmente ficou surpreso com a quantidade de energia que uma pessoa poderia ter.

Tudo isso é alta energia. Você não está interessado em saber por que algumas pessoas parecem ter tanta energia e outras não? Se não, por que você comprou este livro? Sério, você deve ter tido um bom motivo para comprar este livro. Se sim, isso é ótimo.

Vamos examinar de qualquer forma. E examinemos este tema novamente, olhando para nós mesmos.

Sim, por que não? Você pode dizer "Oh, não, eu não tenho tanta energia como os outros". É mesmo? Como você sabe? Você já tentou ter tanta energia quanto os outros?

Lembra-se do que eu disse sobre saber? Saber por experiência é o verdadeiro conhecimento.

Portanto, vamos descobrir como e onde encontrar toda essa alta energia. Aqui está o exercício:

Aproveitando a Alta Energia

Imagine fazer algo que você realmente ama. Deve ser algo que traz um sorriso ao seu rosto, mesmo quando você está apenas pensando nisso. Pensou em alguma coisa? Excelente! Agora permita que surja essa energia que faz você sorrir sobre isso. Você acha que gostaria de fazer essa coisa agora mesmo? Se sim, então essa é a energia que essas pessoas têm o tempo todo.

Se você não sente nada, pode ser que o tópico em que você estava pensando não seja tão interessante para você neste momento. Procure por algo que realmente, realmente traga uma boa vibração em você. Quando você realmente escolhe algo que ama e ainda não consegue sentir a energia aumentando, pode ser que você esteja resistindo ou com medo de se concentrar nesse tópico.

Aceitar a resistência ou o medo como ele é. Permita que seja o que é, Energia. Relaxe nela. Depois, tente novamente e permita que a energia positiva surja.

Dê uma olhada, onde você encontrou a energia que te fez sorrir e querer fazer o que você imaginou? Dentro de você, certo? Claro, esse é o único lugar onde poderia estar.

Como você o ativou? Só de pensar em algo que você realmente ama.

Agora, isto pode ser uma pista aqui. Você escolheu algo que você ama. O amor é uma energia muito alta, se não a mais alta do Universo.

Por outro lado, o que todos nós estamos procurando? Correto, amor. O tempo todo estamos procurando por Amor. Poderíamos até dizer, tudo o que fazemos é apenas porque estamos procurando o Amor.

Parece uma loucura? Não deveria, porque é totalmente natural. Basta olhar para dentro de si mesmo, lá você pode encontrar a resposta. Isto é verdade? O amor não está em sua mente. Está em "Você".

Não importa como você define "você". Do meu ponto de vista e experiência, não há como descrever "Você". Não há como descrever algo para o qual não existe uma palavra em nossos idiomas.

E não se podia pensar em Amor. Você só poderia experimentar o Amor.. Amar algo ou alguém com todo o seu coração é uma experiência muito edificante.

Você nunca se sente exausto, quando você ama. Você tem uma idéia de por que a alta energia é irresistível? Sim? Não? Eu lhe digo, embora você saiba pelo menos intelectualmente.

É porque você sente o amor. Sim, é assim tão simples. Mesmo que a pessoa que você percebe como estando em uma energia superior nem mesmo saiba que está amando uma coisa, assunto ou pessoa específica.

Se você está seguindo uma meta que cumpre, então não pode parar de seguir adiante. Não é que você esteja empurrando para frente ou forçando a si mesmo a avançar. Você só o faz porque ama.

Essa é uma energia diferente do que apenas fazer algo para viver. No entanto, você não precisa largar seu emprego ou jogar fora qualquer tipo de aprendizado agora.

Não, você cava esse amor dentro de você. Você pode até amar as coisas que normalmente não gosta de fazer. Por que não? Fica muito mais fácil para você fazer coisas que não gosta com um sorriso no rosto. Quanto maior for sua energia, mais fácil poderá ser para você. Pelo menos você se sente ótimo e outros reconhecerão isso.

E talvez eles estejam muito mais dispostos a apoiá-lo em seus esforços. Todos gostam de estar ao redor de pessoas positivas e amorosas que nos motivam e inspiram.

Certo, eu ouço você dizer: "Este não sou eu. Eu não sou esse tipo de pessoa". De novo? De verdade? Bem, você não precisa ser alguém em público para experimentar o impacto irresistível da alta energia.

Você pode experimentá-lo exatamente onde você está. Experimente você mesmo. Use os métodos e exercícios descritos neste livro todos os dias. Sempre que você se lembra, você se dá mais energia, mais amor.

Mesmo que as coisas possam piorar, você continua e dá a si mesmo mais amor e mais energia. A decisão é sua.

Por que as coisas poderiam ficar piores? Você já usou uma vassoura para limpar uma sala empoeirada? Lembre-se do que aconteceu. Você começa a varrer e o pó vai para todos os lugares.

Surpreendentemente, depois de terminar, a poeira baixou e o quarto está muito mais limpo. Mas você tinha que passar pela fase suja e continuar varrendo até que o quarto estivesse limpo.

Por outro lado, com você, as coisas podem não piorar. Então você pode se chamar de sortudo. O trabalho interno que você faz para se dar cada vez mais e mais energia está mudando as coisas dentro de você e com isso fora de você também. É inevitável. Mas você tem que continuar.

De volta à alta energia sendo irresistível.

Como já descrito anteriormente, a alta energia é irresistível, pois você se sente bem quando a tem e quando alguém ao seu redor a tem.

A energia é contagiosa, não importa se é positiva ou negativa. Você gostaria de verificar isso novamente? Não acredite no que lhe digo, prove por si mesmo.

Certo, lembre-se de uma situação na sua vida na qual você esteve com uma pessoa negativa. Talvez a pessoa estivesse lhe dizendo que tudo está indo por água abaixo ou algo semelhante.

Você sentiu como sua energia ficou cada vez mais negativa? Se não prestarmos atenção ao nosso próprio nível de energia, é fácil para os outros nos puxarem para cima ou nos empurrarem para baixo.

Mas você gostaria de ser um ioiô? Acho que não. E você não precisa ser.

O pequeno controle que você acabou de fazer sobre a energia negativa, você também poderia fazer sobre a energia positiva.

Basta lembrar de uma situação em que você estava conversando com alguém onde se sentia cada vez melhor..

Se sentiu bem, certo?

Agora, você pode dizer que não pode escolher com quem você está o tempo todo. Isso pode ser verdade. Mas você poderia decidir como se sentir o tempo todo.

Por quê? Porque você decide seguir a energia das outras pessoas ou a energia que você decide sentir. Quando você decide permanecer positivo, amoroso e em alta energia, mesmo enquanto outros falam e agem negativamente, o que você acha que vai acontecer?

Talvez nada, talvez os outros vão embora porque não puderam puxá-lo para baixo, ou ainda melhor, eles também mudam para energia positiva.

Na verdade, não é a energia alta que é contagiosa, é que toda a energia é contagiosa. Você acabou de descobrir que este é o caso, fazendo a pequena verificação que descrevi acima.

Espero que você tenha feito esta pequena verificação. Eu não posso fazer isso por você.

Como você sabe agora que toda a energia é contagiosa, você estaria mais disposto a se concentrar em sua própria energia e mantê-la positiva e alta? Sim? Isso é ótimo.

Pode não ser fácil, mas é simples.

Lembre-se, falamos mais cedo sobre Autoconhecimento. Ele o ajuda a reconhecer seus sentimentos e o que acontece ao seu redor.

A partir daí, você decide novamente como gosta de se sentir. Continue se concentrando na sensação que você gosta de sentir.

Você poderia até se perguntar: "Eu poderia me sentir ainda melhor?" Você pode responder com "Sim" ou não responder. Descubra o que tem mais impacto sobre como você se sente, respondendo ou não respondendo à pergunta.

Continue aumentando sua energia.

Além disso, use seu autoconhecimento para observar o que acontece ao seu redor, quando você continua a aumentar sua energia.

A certa altura, você pode até se perguntar: "Eu poderia amar ainda mais?". Eu sei a resposta para isso. Descubra por si mesmo.

Com esta pequena experiência, você verificou como a energia é contagiosa. Além disso, você deve ter ouvido muitas pessoas sugerirem que você deve se cercar de pessoas positivas.

É uma boa idéia, mas pode nem sempre ser possível. Você não precisa das outras pessoas positivas para se sentir melhor. Depende de sua própria decisão para se sentir melhor.

Sim, isso te ajuda a estar entre as pessoas positivas para sair de um mau humor muito mais fácil. No entanto, não é que você não pode fazer isso sozinho.

Nós, humanos, tendemos a acreditar que alguém ou algo nos fez experimentar reações emocionais. E nós também tendemos a acreditar que precisamos que outros nos afastem dessas reações emocionais novamente.

Isto pode ou não ser verdade. Você tem que investigar por si mesmo, dando uma olhada em seu interior para ver se você pode ter sido a causa de sua experiência.

O Twister da Escala Emocional

Mas vamos dar uma olhada mais de perto em nossas Emoções. Há tantas teorias sobre as emoções por aí. Alguns dizem que existem sete emoções básicas, outros dizem até que existem mais de 30 emoções básicas.

Alguns dizem que existem sete emoções básicas, outros dizem até que existem mais de 30 emoções básicas.

Com a emoção positiva, sua energia sobe, com a negativa desce. A ilustração na página seguinte mostra duas torções. Uma espiral é para cima e uma espiral para baixo. Estas são as direções de suas emoções, para cima ou para baixo.

Um ciclone é uma grande imagem de nossas emoções, pois elas são fortes por fora, mas ainda há quietude no meio do ciclone.

Quando você investiga suas emoções você descobre que, mesmo por trás de emoções fortes, está a quietude. E mesmo entre as emoções fortes está a quietude.

Chamei o ciclone positivo de "Amor" e o negativo de "Ódio". Isto é para deixar claro que você não poderia ser ambos ao mesmo tempo. Do meu ponto de vista, o amor não é emoção. O amor apenas é. O amor que quero dizer aqui é incondicional. Qualquer coisa diferente não é amor.

Amor Incondicional é amar sem querer nada de volta pelo amor que você dá. Sim, isso é radical, mas é isso que significa incondicional.

Vamos agora dar uma olhada no Twister da Escala Emocional.

Amor

Paz
Alegria Aceitação
Conteúdo
Confiança
Beleza Desfrute
Empatia Abraço
Calma
Coragem Determinação

Desgosto/Orgulho Inveja
Desdém Culpa
Raiva/Ódio
Longing Desejo   Vergonha
Confusão Tristeza
Medo   Ansiedade
Luto
Apatia

Ódio

Por favor, não considere a lista de emoções como completa, apenas menciono algumas emoções para lhe dar uma idéia. As emoções negativas, assim como as positivas, estão em uma espécie de escala. A repugnância/orgulho é uma energia muito maior do que a apatia.

A Paz e a Aceitação, por outro lado, tem muito mais energia do que a Coragem e a Determinação. Você mesmo poderia examinar qualquer emoção e colocá-la na escala. Basta sentir a emoção, e você sabe onde ela pertence na escala. Se você precisar de alguma formação científica, pesquise na internet. Mas não se confunda com todas as informações que você pode encontrar. Agora você também tem um pouco mais de conhecimento sobre suas emoções.

Talvez a ilustração acima tenha ajudado você a entender melhor porque a Alta Energia é Irresistível. Você não acha que é hora de recapitular novamente? Sim, eu penso o mesmo. Aqui vamos nós:

▶ A alta energia é irresistível, pois é contagiosa.
▶ Todos nós gostamos de nos sentir bem, portanto, a alta energia é irresistível.
▶ Toda a energia é contagiosa, não importa se positiva ou negativa.
▶ Você é o único que decide como você se sente.
▶ Você pode estar em alta energia positiva, mesmo que haja pessoas negativas ao seu redor.
▶ Não há necessidade de ser um ioiô para a energia dos outros, você decide sua energia.
▶ É fácil aumentar seu nível de energia, pois isso depende apenas de sua decisão.

Tudo é Energia

Devo te avisar, como você deve ter notado, posso simplificar as coisas para torná-las mais fáceis de entender. Sempre que possível, farei com que vocês percebam que a situação pode ser mais complexa do que parece.

No entanto, se realmente olharmos de perto a vida, na verdade ela é muito simples. No entanto, parece muito complicado quando você vê todas as partes e suas interconexões.

Se você pegar qualquer item sobre a vida, você descobre que de fato é muito simples, se você cavar fundo o suficiente.

De fato, se você cavar fundo o suficiente, tudo é energia. Sim, uma das menores formas que conhecemos é um Átomo. Talvez não, se você cavar ainda mais fundo.

De qualquer forma, um Átomo tem um núcleo e uma parte que gira em torno do núcleo. Entre estas duas partes há muito espaço ou nada.

É bastante interessante. Está bem, eu descrevi muito simplesmente, mas foi o que eu disse. A ciência descobriu há décadas atrás, que átomos ou partículas agem de forma diferente em uma experiência se há um observador presente ou não.

Do acima exposto, podemos concluir que a energia está influenciando a energia. E como os observadores tinham sido humanos, isso implica que somos todos energia também.

Até agora, tudo bem. Mas acho que você já sabia disso. Agora como tudo é energia, você pode imaginar que se você enviar energia negativa ou baixa, somente essa energia baixa ou negativa poderá voltar para você.

Se você deseja que algo de bom aconteça em sua vida, você tem que enviar uma boa energia. É tão simples assim. No entanto, nem sempre é fácil. Aqui está um exemplo do que quero dizer. Anos atrás, eu estava com um cliente. Eu compartilhava um escritório com a contadora. Tivemos um bom relacionamento como colegas de trabalho.

Bem, eu era seu supervisor, mas como ela fez um ótimo trabalho, não precisei supervisioná-la. De qualquer forma, uma manhã, quando cheguei à empresa novamente (eu só estava lá uma vez por mês durante uma semana ou mais), conversamos sobre coisas que aconteceram enquanto eu não estava presente no escritório.

Em certo momento ela começou a reclamar que tinha "este" problema com o sistema ERP e ninguém do departamento de TI veio nas últimas quatro semanas para resolvê-lo. Enquanto ela me contava sua história, eu estava dando algum amor a ela e ao Departamento de TI.

Depois de cinco minutos, um dos funcionários da TI apareceu em nosso escritório e lhe perguntou se ela tinha "este" problema com o software da empresa, e ele iria resolvê-lo rapidamente agora mesmo.

O olhar no rosto dela apenas dizia: "Que diabos está acontecendo aqui?". O problema dela foi resolvido naquele momento. Se a palavra "Amor" não combinar com você, porque você acredita que não tem nada a ver com negócios, então basta substituí-la por "enviar energia positiva". Agora, como eu fiz isso? Alguma idéia? É fácil. Realmente é. Não tem idéia?

Ok, deixe-me explicar, embora você também possa fazer isso. Primeiro, você precisa relaxar. Não vai funcionar quando você tentar forçar. Você pode relaxar um pouco mais? Está bem, ótimo. Agora crie uma sensação agradável em qualquer lugar dentro de você. Por exemplo, uma sensação de calor no seu estômago ou algo assim.

Expanda este sentimento até encher mais o seu corpo. Agora envie isso para além de seu corpo. Não há necessidade de concentrar a energia em uma pessoa específica. Você pode fazer isso. Mas isso não é necessário.

Basta continuar a enviar esta agradável sensação de calor. Testemunhe o que acontece. Talvez nada. Será que isso pode ser bom para você? Talvez algo que você não esperava que acontecesse. Ou o que você queria que acontecesse. O que já aconteceu ou não aconteceu, o que você sente? Acho que você se sente melhor. Você vê, mesmo com um exercício tão pequeno, você foi capaz de mudar seu nível de energia.

Tudo é Energia

Você precisa pensar muito para mudar seu nível de energia? Você precisa forçar? De forma alguma. Você decidiu e fez. Não é necessário pensar.

Mesmo que nada tenha acontecido por enviar a energia positiva, você se sente melhor ao fazer isso. Isso é um ganho tremendo.

Você se sentiu exausto ao enviar energia boa e positiva? Não? Uau! Isso não é incrível? Você envia boas vibrações e não se esgota. Outro grande ganho, não acha?

Por outro lado, a experiência acima poderia lhe dizer algo sobre sua verdadeira natureza. Você não pode ficar sem energia. Se você o faz, é porque você diz a si mesmo que é assim.

Basta enviar um pouco mais de energia positiva e boa. O que você sente? Você se sente melhor novamente? Com que frequência você pode fazer este simples exercício? Você pode fazer isso o tempo todo quando decidir fazer.

Como tudo é energia, tudo, e todos, está interligado. Não vemos isso claramente o tempo todo.

O que você diz é energia. O que você pensa é energia. O que você sente é energia. O que você faz é energia. O que você come e bebe é energia. O que você usa é energia.

Eu esqueci alguma coisa? De qualquer forma, mesmo que eu tenha esquecido alguma coisa, você entendeu a idéia. Mesmo suas expectativas são energia, porque suas expectativas SÃO simplesmente pensamentos e/ou sentimentos.

Como tudo é energia, até mesmo seus sentimentos são energia, e têm um impacto em sua vida. E não apenas em sua vida. Sobre a vida de todos. Não apenas em sua família e amigos.

Seus sentimentos têm um impacto em você e em todos!

Vamos checar isto. Você já sentiu uma forte sensação negativa vinda do nada? Você pode se perguntar por que diabos eu me sinto assim. Seu dia poderia ter começado maravilhosamente.

Mais tarde, durante o dia, você poderá ver as notícias e reconhecer que algo terrível aconteceu em outra parte do mundo, e muitas pessoas se sentiram tristes ou chocadas.

Caso você não tenha tido tal experiência, não se preocupe. Aqui está outra maneira de conferir: Você teve um sentimento amoroso maravilhoso por uma pessoa específica e talvez pensou em ligar para essa pessoa no dia seguinte. De repente, esta pessoa telefona para você.

Não sei dizer quantas vezes isso me aconteceu. Ou algo semelhante. Aparentemente, nós humanos ainda não entendemos completamente como estamos conectados uns com os outros, bem como com o mundo e tudo que nele existe.

Se tivéssemos entendido, não nos prejudicaríamos nem tentaríamos enganar e trair uns aos outros.

Voltando a tudo é energia. Até mesmo seu corpo é energia. E é possível medi-la. Anos atrás, comprei um dispositivo que podia mostrar a tensão elétrica em meu corpo.

É muito interessante. Quando sinto medo de que a energia esteja aumentando, mas é energia negativa, mesmo que possa ser forte.

Quando eu sinto mais amor, a tensão elétrica sobe novamente, mas desta vez ela é muito melhor e é positiva.

Você não precisa comprar um dispositivo desse tipo. Eu comprei apenas por interesse, mas foi muito caro. Hoje você pode adquirir estes aparelhos muito mais baratos, menores e melhor projetados.

Esperamos que agora você possa entender mais claramente que tudo é energia. Talvez não seja novidade para você ouvir isto. Nós tendemos a esquecer, quando nossa vida não está seguindo nosso caminho.

Por que não aumentar seu nível de energia se as coisas não estão indo a seu encontro? É muito mais fácil do que tentar forçar as coisas a mudar.

Vamos recapitular:

► O que quer que esteja ao seu redor é energia.
► O que você é, é energia, o que inclui também seu corpo.
► Toda energia tem um impacto em sua vida.
► Sua energia tem um impacto sobre todos e tudo no mundo também.
► O que você diz é energia. O que você pensa é energia. O que você sente é energia. O que você faz é energia. O que você come e bebe é energia. O que você usa é energia.
► Até mesmo seus pensamentos e sentimentos são energia.

Como Chegar à Energia Superior em 4 Passos Simples

Como dito anteriormente, tudo depende de sua decisão. Você provavelmente ouviu um ditado que diz que "a vida é uma decisão". Na verdade, você está tomando milhares de decisões todos os dias sem perceber a maioria delas. Neste capítulo, damos uma olhada nos passos que você poderia dar para se levantar. O método aqui descrito não significa ser a única maneira de fazer isso. É o que eu descobri ser a maneira mais simples para mim.

Espero que você ache que é uma maneira simples e fácil para você também. No capítulo anterior, tínhamos usado uma abordagem diferente, que é tão poderosa quanto a que você está prestes a ler. São necessários apenas quatro passos para obter energia superior, e nenhum envolve pensamento ou força de vontade.

Os Passos

1. Saiba como você se sente
2. Decida ficar bem com o que você sente
3. Decida como você gosta de se sentir
4. Sinta o que você gosta de sentir

Como conhecemos os passos agora, vamos explorá-los em um nível mais profundo.

1. Saiba como você se sente

É importante reconhecer como você se sente. É o primeiro passo para aceitar o modo como você se sente. Ao reconhecer como você se sente, mesmo que seja uma sensação ruim, é menos provável que você suprima a sensação.

Suprimir seus sentimentos seria o oposto do que estamos fazendo aqui. Estar consciente de seus sentimentos significa começar a aceitá-los, por mais horríveis que eles possam ser no momento em que você os sente.

2. Decida ficar bem com o que você sente

Estar bem com o que você sente é aceitação total, o que significa que você não quer mais segurar o que você sente ou quer mudar o que você sente.

É como dizer "sim" ao sentimento. O que também é útil para fazer. Você poderia até se perguntar: "Eu poderia estar bem com a sensação que tenho neste momento?" e responder com Sim. Você poderia fazê-lo até se sentir mais à vontade e bem com a sensação.

Talvez a sensação desapareça totalmente se você continuar com este processo. Brinque com a pergunta e a resposta ou não resposta.

O que isso quer dizer? Bem, pergunte-se: "Eu poderia estar bem com a sensação que tenho neste momento?" e simplesmente não responda à pergunta.

Nós tendemos a dar respostas a perguntas, mas quem disse que é necessário responder a perguntas que fizemos dentro de nós? Eu não sei. Mas é incrível o que acontece quando não se responde à pergunta. Experimente você mesmo. Além disso, pode não ser educado em uma conversa real não responder a uma pergunta. Mas isso depende totalmente de você.

3. Decida como você gosta de se sentir

Este é um passo importante. Mesmo com seus sentimentos, você não chegará a lugar algum quando não estiver decidindo para onde ir. Este passo é decidir sentir-se, calmo, feliz, alegre, pacífico, poderoso, amoroso, ou o que quer que seja que você goste de sentir. Tudo depende de você. Ninguém mais pode lhe dizer como se sentir.

Você decide claramente aonde ir com seus sentimentos. Lembre-se, não se trata de suprimir os sentimentos que você não gosta. Aceite os sentimentos que você tem primeiro e depois decida como você gosta de se sentir.

4. Sinta o que você gosta de sentir

Com este passo, você entra na sensação que gosta de ter. Mas preste atenção para não tentar forçar o sentimento. Por exemplo, você decide estar calmo e tem que se permite senti-lo. Não há necessidade de se forçar a se sentir calmo.

51

É crucial que você apenas permita que o sentimento surja à medida que você se concentra nele. A princípio, pode ser preciso alguma prática para sentir o que você quer. Mas com o tempo fica cada vez mais fácil.

Aqui está um pequeno truque que você pode usar. Vamos focar em querer se sentir calmo. Enquanto você se concentra em se sentir calmo, basta dizer a palavra em sua mente. Repita a palavra quantas vezes quiser, mas não exagere. Algumas vezes, isso deve ser feito. E não é algo que se faça em um tumulto.

Fácil, certo? Lembre-se, normalmente não há necessidade de se "pensar" no sentimento que você quer sentir. Aqui usamos o pensamento como um truque para estarmos focados. Quanto mais você pratica, menos você precisa pensar.

Agora acho que os quatro passos são fáceis de lembrar e de aplicar. Mas eles não funcionarão para você, se você não os praticar para você mesmo.

No entanto, é uma boa idéia lembrar a si mesmo ou estabelecer um lembrete para si mesmo. Todos nós tendemos a esquecer as coisas boas assim que uma pequena coisa ruim acontece.

Isso nos faz lembrar de todas as coisas que deram errado. Mas normalmente também há muitas coisas que correram bem. Por que não começar a se concentrar nos bons com mais frequência? A decisão é sua. Se os quatro passos são demais para você se lembrar, aqui está uma maneira ainda mais rápida. Basta fazer o passo 4. Correto, basta fazer este último passo.

SINTA-SE ÓTIMO: A Decisão é Sua!

Sinta o que você gosta de sentir. Aumente essa sensação repetidamente. Simples? No entanto, você tem que fazer repetidas vezes.

Ninguém mais pode fazer isso por você. E presumo que seja tão fácil, que você pode até mesmo ter a sensação de que gosta, mesmo enquanto faz outras coisas.

Está bem, eu sei, é preciso de prática. Você pode fazer isso. Continue.

Outra coisa engraçada é que, quando nos sentimos bem e as coisas estão indo bem, deixamos de fazer as coisas que nos ajudaram a chegar a este ponto.

Portanto, esteja ciente, para continuar indo mais além mesmo que as coisas estejam evoluindo de uma maneira que você queira. Continue a aumentar seu nível de energia.

Não se Trata de Motivação, Trata-se de Elevar sua Energia

A motivação é uma forma de você se aplicar para elevar seu estado de espírito. Mas às vezes é preciso muita energia para se motivar.

Além disso, a motivação é algo que você faz em sua mente. A motivação, do meu ponto de vista, também envolve muita força de vontade. No entanto, a mente também é onde todos esses pensamentos que o puxam para baixo estão.

É por isso que é preciso tanta energia para reprogramar sua mente. Você tem que colocar mais energia positiva do que a quantidade de energia negativa que já está lá dentro.

Ao aumentar sua energia, você se elevará de qualquer maneira. Não há necessidade de pensamentos para aumentar sua energia.

Também não há necessidade de força de vontade. Só precisa da sua decisão, isso é tudo. E você não precisa forçar bons pensamentos ou bons sentimentos em sua mente. Você apenas permite que a energia surja dentro de si mesmo.

Um pequeno exercício novamente:

Como você permite que a energia surja dentro de si mesmo? Bem, vamos imaginar a alegria como o sentimento para este exercício que você vai aumentar.

Agora convide a alegria dentro de si mesmo, concentrando-se apenas em seu interior e convide a alegria a subir. Não tente sentir a alegria, apenas convide-a a subir e observe.

Se você tentar demais, você está forçando a alegria a subir. Isso não funciona.

Continue observando. Não acontece nada? Okay. Não há problema.

Faça o seguinte. Pergunte-se "Poderia eu sentir mais alegria?" e responda a pergunta com "Sim". Pergunte a si mesmo novamente.

Pergunte-se novamente. E mais uma vez. E de novo. O que você sente? Acho que você sente um pouco mais de alegria do que antes, você se perguntou se poderia sentir mais alegria.

É interessante que só perguntando, você poderia trazer à tona bons sentimentos. Você pode apenas sentir um pouco de alegria, mas isso prova que funciona.

Para aumentar o nível de alegria que você sente, basta continuar com o exercício acima.

De volta à Motivação. Motivação não é uma coisa ruim. No entanto, é dada demasiada importância a ela.

Todos estão lhe dizendo para continuar se motivando e que isso é importante. Mas a questão também é: você está tentando superar a energia negativa aumentando sua motivação?

Se a resposta for sim, então quanta energia será necessária para fazer algo positivo acontecer.

Honestamente, é preciso muita energia positiva para sobrescrever a energia negativa com a qual todos nós encontramos por aí. Mas isso não é um problema que alguma vez seja atacado.

A energia negativa dentro de você ainda estará lá, não importa o quanto você se motive. Em um momento de sua vida, ela se mostrará novamente. Em vez de se esforçar tanto para se motivar, por que não se amar?

Não gosta de se amar? Se não, por que você tenta se motivar? Não faz sentido para mim. Quando você se motiva para fazer algo, então a questão é se você está se motivando porque há algo negativo em sua vida que você quer mudar.

Mas você sabota a si mesmo, mantendo seus sentimentos sobre a negatividade o tempo todo que você se motiva. Subconscientemente, você pode até temer que o que você está fazendo não funcione, ou pode perder tudo novamente, quando você conseguir a mudança desejada.

Naturalmente, há muitas pessoas que usaram a motivação para alcançar com sucesso seus objetivos.

Não se Trata de Motivação, Trata-se de Elevar sua Energia

Na maioria das vezes, eles colocaram muita energia no que fizeram. Só porque todos lhe dizem que você precisa se motivar, ou que precisa trabalhar duro para atingir seus objetivos, não significa que seja a única maneira de alcançar algo.

Sim, muitas pessoas provaram que o trabalho duro torna possível alcançar seus objetivos.

Por outro lado, há pessoas que trabalharam de forma inteligente e alcançaram seus objetivos também. Que tipo de pessoa você é? O trabalhador ou o gênio inteligente?

Ambos são bons, não importa que tipo de pessoa você seja. Não se trata de "isto ou aquilo", mas de "isto e aquilo". Use tudo para o melhor de si mesmo e de todos.

Oh, eu não posso acreditar, mas esqueci de definir claramente "Motivação" com você. Certo, desculpe por isso. Como chegou até mim neste momento, vamos definir o que é realmente "motivação". Você concorda?

A motivação é querer mudar alguma coisa. Isso poderia ser tudo aquilo com que você não está satisfeito neste momento. Pode ser a sua condição física, sua renda ou sua situação de vida. Até mesmo os relacionamentos.

Você entendeu a idéia. A partir do exposto acima, a motivação parece uma coisa boa, pois inclui persistência e força de vontade para fazer algo a respeito daquilo com que você não está satisfeito.

Mas! Há muita negatividade por trás disso, você pode ver? Se não, aqui vai uma dica.

Quando você não está satisfeito com algo, você se sente bem com isso? Acho que não.

Você sente que "precisa" de algo melhor ou pelo menos diferente. Em outras palavras, você acredita que lhe falta algo. E você quer desesperadamente ter aquela coisa que falta. Mesmo assim, você se "motiva" a fazer algo para se livrar desta sensação perturbadora de perder algo ou querer algo diferente.

Esse sentimento perturbador é negativo. Você se sente mal com algo como está neste momento. Grande motivação do meu ponto de vista - para ser um pouco irônico aqui.

Assim, você se motiva por ser negativo e se força a ser positivo e a fazer algo a respeito da negatividade. Você tenta obter algo de positivo por ser negativo.

Hmm, parece ser um grande esforço. E é, certo? Já tentou algo diferente? Imagine estar bem com o que quer que esteja ao seu redor, o que você tem, o que você é. Poderia ser como pensar: "Oh, seria bom ser/ter/fazer...".

Isso parece mais positivo? Não me interprete mal, não se trata de evitar querer algo. Tudo bem.

É ir para uma mudança a partir de uma atitude muito mais positiva e aberta. Quando você for mais aberto e positivo, isso tornará o fazer muito mais fácil e sem esforço.

Mesmo que você tenha que fazer as coisas regularmente para ver o progresso. Bem, você pode dizer que é motivação também. Bom, para mim, é mais uma questão de ser proposital.

Não se Trata de Motivação, Trata-se de Elevar sua Energia

Ser proposital significa que você tem seus objetivos diante de seus olhos, mas não força nada a acontecer ou força a si mesmo a mudar alguma coisa.

Sim, você faz o que é necessário enquanto ainda está aberto e positivo. Ser proposital não significa evitar a tomada de medidas.

Aqui está outra maneira de dizer o que eu gosto de dizer. A motivação, às vezes ou na maioria das vezes, parece insistente. Basta dar uma olhada em todas as coisas que possam vir à sua mente que você precisa/quer mudar.

Você quer mudar seus pensamentos, seus sentimentos, seu comportamento, seu ambiente, seus relacionamentos, ou mesmo sua auto-expressão. Parece ter muito a ser motivado.

Você não precisa se motivar quando se sente bem. Não é? Claro. Você já está queimando pelas coisas que gosta de fazer. Essa é a diferença de se estar em alta energia. Sua motivação é natural em alta energia e não baseada em negatividade, na maioria das vezes.

Neste momento, você pode se permitir se sentir bem? Basta decidir o que você pode. E você pode se sentir ainda melhor? E mais? E ainda mais? O que você sente agora? Você se sente mais leve? Você se sente mais energizado? Você se sente mais interessado em agir agora?

Você precisou se motivar para se sentir bem? Não, você não precisou. Você apenas decide e se permite se sentir bem. Assim, você não precisa de nenhuma motivação. Decida se sentir bem, e você se sentirá bem se continuar decidindo se sentir bem. E então você continua a decidir se sentir bem.

SINTA-SE ÓTIMO: A Decisão é Sua!

Parece simples. No entanto, não é fácil o tempo todo. Seja persistente com sua decisão, mas lembre-se de não forçar nada.

Recapitulando:

► Estar em alta energia não tem nada a ver com motivação.
► Estar em alta energia é uma decisão.
► Estar em alta energia torna mais fácil e sem esforço fazer as coisas que você quer ou tem que fazer.
► Estar em alta energia é simplesmente fantástico.

O Segredo da
Autoconscientização

Deixe-me começar com uma pergunta. Você realmente acredita que existe um segredo sobre o autoconhecimento? Para ser honesto, do meu ponto de vista, não há segredo.

Você tem autoconhecimento o tempo todo. Você pode não prestar atenção a ela. Primeiro, precisamos definir o que é realmente Autoconscientização.

Autoconhecimento significa que você está ciente de seus sentimentos, seus pensamentos, seu comportamento, o mundo, e outras pessoas e vidas. Inclui também nossa reação aos nossos pensamentos, sentimentos e comportamento.

Não tem nada a ver com melhorar seu comportamento ou mudar seus sentimentos. Mas é o primeiro passo a ser dado. Geralmente tendemos a usar nosso autoconhecimento para nos adaptarmos ao mundo. Para ser aceito.

O autoconhecimento pode soar um pouco mágico, esotérico ou até mesmo complicado. Não é o caso, como você já leu acima.

O Segredo da Autoconscientização

É uma habilidade natural que cada um de nós tem. E talvez até mesmo os animais a possuam. Quem sabe? Não é interessante o que nós humanos estamos dispostos a fazer para sermos aceitos por outros? No entanto, isto é desnecessário. Se você gosta de se sentir bem, não espere até que alguém lhe dê algum amor e carinho. Você pode dar amor e carinho a si mesmo.

Sim, é muito bom receber o amor dos outros. Não é necessário se entregar por isso. Quanto mais você se ama, mais os outros podem lhe dar amor também.

De volta ao autoconhecimento. Minha própria experiência me mostrou que o Autoconhecimento vai muito além dos sentidos do corpo. E isso não tem nada a ver com o consumo de drogas. E não é necessário que você tenha experiências além do corpo para se sentir bem ou permanecer em alta energia.

Você poderia usar sua Autoconscientização para obter mais energia. Ao utilizar os quatro passos descritos neste livro, você já usa sua Autoconsciência.

Como você está presente a seus sentimentos momentâneos, você está consciente de si mesmo. Então você está em uma posição que pode usar para decidir, se você gosta de ficar com o sentimento que tem ou se você gostaria de mudá-lo.

Assim, é sempre sua decisão como você se sente e como reage. O autoconhecimento o ajuda a reconhecer o poder de sua decisão.

O único segredo que pode haver sobre Autoconhecimento é usá-lo para fazer as perguntas certas a você mesmo e sobre você mesmo. Passando do Autoconhecimento à Auto-investigação.

Há uma coisa sobre Autoconhecimento que não é reconhecida na maioria das vezes. O autoconhecimento é subjetivo. Você não pode estar consciente de si mesmo objetivamente, exceto que você não seria capaz de não pensar em si mesmo e sobre si mesmo quando estivesse consciente de você.

O sentido ou visão que você tem sobre si mesmo sempre incluirá pensamentos e sentimentos. Podemos até desaprovar a nós mesmos. Muitas vezes nos perguntamos "Por que é/tem...?". Este tipo de pergunta o levará para o abismo da mente.

Mais úteis são as perguntas que começam com "O quê", "Como" ou "Quem". Esta última não deve ser usada para procurar alguém a quem culpar. Porque, quando se trata de nossa vida, a culpa é de cada um de nós, não de outra pessoa.

O autoconhecimento também pode ser traduzido em estar no momento e reconhecer o que está acontecendo dentro e fora de você sem julgar. Sentir, ouvir, ver, e assim por diante.

Alguns podem dizer que isso é mais sobre a Consciência. Bem, nós, humanos, tendemos a descrever a mesma coisa com palavras e metodologias diferentes. Nem é bom nem ruim - certo ou errado.

Poderíamos concordar em estar no momento presente com nossa consciência, sem qualquer julgamento. Isto é, para mim, Consciência de si mesmo. É simples, no entanto, todos nós tendemos a tornar mais complicado do que é.

Vamos fazer um exercício agora. Inspire profundamente. Realmente profundo, comece do fundo da barriga até o peito. Relaxe enquanto inspira.

Expire lentamente. Continue respirando profundamente em um fluxo natural. O que você reconhece? Há menos pensamentos? Você se sente mais calmo? Você reconhece mais do que está acontecendo dentro e fora de si mesmo?

Se suas respostas tivessem sido "Sim" para as perguntas acima, maravilhoso. Agora você experimentou o que é estar mais consciente. Se sua resposta foi "Não", tente novamente. Respire fundo e relaxe.

Não há necessidade de temer este exercício. Relaxe. Nada pode acontecer com você. Respirar profundamente é mais saudável à medida que você recebe mais oxigênio em seu corpo.

Mesmo que sua resposta às perguntas mencionadas anteriormente ainda seja "Não", você está ciente. Verifique se há algum sentimento. Qualquer desejo de ter uma certa experiência, qualquer expectativa.

O autoconhecimento não tem nada a ver com expectativas ou desejos. Você apenas o tem. No momento em que você reconhece um pensamento, uma reação habitual, ou similar, você está consciente de si mesmo.

É fácil e simples. Não é preciso de tempo para estar atento. Você é isso, mas talvez tenha que chamar sua atenção para isso.

Oh, aqui está algo que você precisa saber sobre Autoconhecimento, que pode ser um pouco desconfortável, mas eu já mencionei indiretamente.

Quanto mais você se conscientiza de seu Eu, mais você pode notar pensamentos e sentimentos negativos. Reconhecer mais pensamentos e sentimentos negativos pode ser perturbador, irritante, ou até mesmo avassalador.

Não se preocupe. Sentimentos e pensamentos são apenas energia. Relaxe neles e permita que você passe por eles. Você não se agarraria a uma nuvem no céu, certo?

Dê a seus sentimentos e pensamentos a mesma liberdade que você dá a uma nuvem. Permita que eles fluam através de você. Ao permanecer relaxado mesmo quando um pensamento ou sentimento é esmagador, ele passará por você.

Se você sentir que está tenso quando surgir um sentimento ou pensamento forte, lembre-se de relaxar com ele. Talvez até ajude a dizer "sim" à sensação. No momento em que você percebe o sentimento ou o pensamento, você está ciente. Isso significa que você está mais consciente do que pensa. É claro que pode haver momentos em que você retorna ao momento atual e se vê reconhecendo que não estava consciente há um certo tempo.

Não se desaprove por causa disso Fique feliz por estar ciente novamente. Para aumentar até mesmo sua Autoconsciência, você pode se fazer as seguintes perguntas. A lista não é para ser completa, estas perguntas são amostras. Brinque com elas e acrescente as suas próprias perguntas:

▶ Eu estou ciente?
▶ Eu estou amando?
▶ O que estou experimentando agora?

▶ O que eu cheiro, gosto, ouço, sinto?
▶ Estou em paz?
▶ Estou relaxado?

Mesmo que estas sejam perguntas e você possa se sentir tentado a responder, não responda às perguntas. Deixe-as responder a si mesmas.

Concentre-se em sua experiência em vez de se concentrar no processo mental de resposta às perguntas. O que mais você poderia fazer para aumentar sua Autoconscientização? O mais importante, ter um breve momento novamente, em que você se concentra no que está acontecendo dentro e fora de si mesmo.

Além disso, você poderia usar Meditações para aumentar sua Autoconscientização. Uma boa idéia é também dar uma caminhada e permitir-se reconhecer tudo sem pensar nisso.

Este último requer alguma prática, como você verá. A mente frequentemente entra e lhe diz exatamente o que você vê e ouve, e também algumas suposições que ela calcula a partir das coisas que acabou de comentar.

Não ligue para isso! Concentre-se em sua experiência e permita que tudo flua através de você. Embora, agora, você ainda acredita que existe um segredo sobre o Autoconhecimento? Ou algo novo sobre isso?

Qualquer que tenha sido sua resposta, apenas permita que ela desapareça e dê a si mesmo a liberdade de experimentar a autoconsciência uma e outra vez.

Não há necessidade de se agarrar às experiências que você teve até agora. Esteja aberto a novas experiências, esteja aberto a novos níveis de Autoconhecimento.

Além disso, o autoconhecimento tem a ver com o reconhecimento de como os outros nos vêem. Como todos nós tentamos nos encaixar, esta parte pode exigir muita energia.

No entanto, temos medo de parar para agradar a todos os outros.

Parar para agradar a todos e se encaixar não significa se tornar uma pessoa rude e/ou ignorante.

Tem mais a ver com a consciência de que você já tem a boa energia dentro de si, assim você não precisa forçar os outros a lhe dar algo que você acredita ser necessário.

Lembre-se, este livro é sobre sentir-se ótimo, mantendo-se em uma energia mais elevada. O autoconhecimento poderia ajudá-lo a ver que você quer que outros o levantem. Isso não vai funcionar, pois todos estão fazendo a mesma coisa.

Todos estão querendo ser levantados por você. Neste caso, comece a se erguer primeiro. Então você pode decidir fazer o melhor para ajudar os outros a se erguerem.

Quanto maior for a sua energia, mais você se ajuda e a todos os outros. Confira por si mesmo. Faça o trabalho e descubra o que acontece.

O Segredo da Autoconscientização

Até o momento, tudo bem. Vamos recapitular novamente:

► Não há segredo sobre o autoconhecimento.
► Você é Autoconsciente o tempo todo, você pode não se concentrar nele.
► Autoconhecimento é sobre como você se vê, como os outros o vêem, assim como estar consciente de como você se sente, age, pensa.
► O autoconhecimento também tem a ver com a presença do que está acontecendo, assim você poderia interagir mais positivamente. Especialmente quando os hábitos automáticos estão surgindo.
► É fácil desenvolver e concentrar-se em sua Autoconsciência, ela só toma a decisão por você. Uma respiração profunda também pode ajudar.
► Não há nada que você precise fazer ativamente para ser Autoconsciente. Ser Autoconsciente é muito mais passivo, mas você pode ser muito ativo quando estiver plenamente consciente.
► Mergulhar na auto-conscientização pode trazer sentimentos fortes. Bons e Maus. Fique relaxado e eles fluem através de você.
► O autoconhecimento ajuda você a se lembrar de permanecer em alta energia.

O Papel do Meio Ambiente e por que Isso Não Importa

Nosso ambiente em termos das pessoas ao nosso redor tem um impacto sobre nós. Isto porque estamos muito mais interconectados do que acreditamos e porque precisamos de contatos sociais como seres humanos.

Durante o último capítulo, fizemos uma experiência para provar isso já.

Por um lado, gostamos de estar com outras pessoas, mas, por outro, não gostamos. Depende das experiências que fizemos em nossas interações com os outros. Mesmo assim, não podemos nos afastar totalmente das outras pessoas.

Portanto, temos que encontrar uma maneira de lidar com outras pessoas, mesmo que elas despertem sentimentos intensos em nós.

Se você der uma olhada em como nós humanos reagimos às coisas boas, você reconhecerá que muitas pessoas são bastante negativas sobre as coisas boas que acontecem em suas vidas. Isso pode até ser verdade se sua energia se tornar cada vez maior.

O Papel do Meio Ambiente e por que Isso Não Importa

Algumas pessoas se esforçarão ao máximo para puxá-lo para baixo. Não porque elas não gostam que você esteja em alta energia e se sinta bem, mas porque elas mesmas não a têm. É um hábito subconsciente que todos nós temos até certo ponto.

Mas não acredite em mim, verifique por você mesmo. Você pode verificar observando como os outros estão reagindo em relação a você quando você está em alta energia e se sente ótimo.

A maioria das pessoas pode gostar, mas algumas pessoas que não gostam, podem ser suficientes para puxá-lo para baixo. Especialmente se essas pessoas fizerem parte de sua família. Os membros da família podem ser os que mais nos provocam.

E você não pode deixar sua família para trás tão facilmente. E isso nem sequer é necessário. Isto porque sua família não é responsável por como você se sente. Você é!

Sua família, amigos, colegas ou qualquer outra pessoa podem desencadear sentimentos ruins em você, mas ainda assim, você é quem os sente, portanto você é responsável por seus sentimentos. Quando você investiga o tópico, você descobre que não importa o que os outros dizem ou fazem com você. Só importa o que você sente sobre o assunto. E isso, é claro, é sua decisão.

Mais uma vez, não se trata de reprimir seus sentimentos negativos. Permita que eles estejam como estão e se concentre nos sentimentos que você deseja. Sinta-se em paz, sinta alegria ou qualquer coisa que você queira. A decisão é sua. Agora, qual é o papel do nosso ambiente? Bem, deixe-me colocar dessa forma, o papel de nosso meio ambiente é nos apontar de volta para nós mesmos.

Aqui, o ambiente significa tudo e todos à sua volta, mesmo o mundo inteiro em algum momento.

Apontar-nos de volta para nós mesmos significa reconhecer nossa reação interna aos acontecimentos em nosso ambiente e no mundo. Simples, certo? No entanto, permanecer em alta energia positiva é uma tarefa simples, mas nem sempre fácil. É preciso prática.

É correto afirmar que é mais fácil permanecer positivo quando se está entre pessoas positivas. Por outro lado, você não tem escolha o tempo todo com quem você está junto. Pode acontecer de haver pessoas negativas estão ao seu redor.

Como foi dito sobre nossas famílias. Você não pode se livrar delas e não precisa fazer isso. Sua família reconhecerá quando você permanecer em alta energia com mais frequência. E você desfrutará de sua família de qualquer maneira, não importa se eles são negativos ou positivos.

Todos nós tendemos a permitir que a energia geral de uma situação nos influencie. Mas este não precisa ser o caso. Aqui está um exemplo. Imagine estar entre muitas pessoas desfrutando de um evento musical. Mesmo se você se juntasse ao evento um pouco mais tarde do que a maioria das pessoas, você sentiria imediatamente a boa vibração no evento.

Agora, quando você se junta a um grupo de pessoas que estão zangadas umas com as outras e lutam verbalmente, você pode ter uma experiência diferente. Pode ser que você participe da luta por causa da energia que você sente, mesmo que tenha estado de bom humor antes de se juntar à discussão/argumento.

O Papel do Meio Ambiente e por que Isso Não Importa

Aqui está uma pequena história de como eu cheguei a ver o acima em nosso mundo. Eu estava viajando para uma grande cidade onde nunca havia estado antes. No primeiro dia, caminhei pela área próxima ao meu hotel.

Felizmente, reservei um hotel próximo ao centro da cidade. Enquanto passeava, comprei alguns ingressos para excursões turísticas. No dia seguinte, comecei com estas excursões. O último dos passeios turísticos tinha sido no final da tarde, alguns dias depois. Perto do final da excursão, o ônibus passou por uma pequena estrada muito lentamente. De repente, eu me senti tão mal e negativo. De todos os lugares que eu sentia, eu estava sendo bombardeado com sentimentos negativos. Cerca de 15 minutos depois, o passeio terminou perto de uma praça no centro da cidade. Quase caí do ônibus quando senti que estava bêbado. No entanto, eu só tinha bebido água.

Mesmo assim, senti toda essa negatividade. Felizmente, havia um ringue de patinação no meio da praça do centro da cidade. Caminhei até lá e gostei de ver as pessoas patinando. Em poucos minutos, me senti muito melhor e os maus sentimentos desapareceram. E eu me senti positivo pelo resto do dia. Desde então, algo semelhante não me aconteceu novamente. Por quê? Porque decidi permitir que toda a energia fluísse através de mim, em vez de me agarrar a ela. Além disso, decidi ser positivo e amoroso.

Vejam, o papel do meio ambiente não é apenas negativo. Pode ser ambos, positivo e negativo. Mas nunca os dois ao mesmo tempo. Entretanto, é sempre nossa escolha se seguirmos a energia da maioria das pessoas.

Não importa quantas pessoas estejam ao seu redor, a decisão de estar em alta energia positiva é sua. Talvez você tenha que tomar essa decisão várias vezes.

De qualquer forma, mesmo que eu me repita vezes sem conta. Seu ambiente não determina seu nível de energia ou como você se sente.

Seu ambiente tem um impacto sobre como você se sente, mas é você quem decide como se sentir. Sim, esta decisão pode ser tomada de forma subconsciente. E normalmente é tomada de forma bastante rápida para você. Isso, mais uma vez, não significa que você precisa continuar correndo em automático. Você pode sobrescrever suas decisões subconscientes a qualquer momento.

Todos e tudo ao seu redor tem um impacto sobre você. Isso é um fato. Você poderia provar isso sentindo-se na energia da situação ou em suas circunstâncias de vida.

Sim, você poderia sentir a energia como você é energia. Mais uma vez, tudo ao seu redor tem um impacto sobre sua energia. Entretanto, sua energia é a que tem mais impacto sobre você e seu entorno.

É a sua energia, seus sentimentos, que têm o maior impacto em sua vida. Se alguém ou algo o faz te sentir mal, é que você decidiu sentir-se mal.

Não há nada de errado com isso, exceto quando você começa a culpar os outros por seus sentimentos negativos. Ninguém pode te dar um sentimento ruim, exceto você.

Eu sei que isto é difícil. Mas um dia você poderá ver por si mesmo e assumir a responsabilidade por seus sentimentos. Os bons e os maus.

Além disso, os bons sentimentos que você experimenta, não são dados a você por ninguém. Você os tem dentro de si mesmo. Então, por que não usar sua capacidade natural e decidir sentir-se bem o tempo todo?

Mesmo que você tenha que tomar esta decisão um milhão de vezes. Quem se importa? É VOCÊ quem se importa! Você deve se preocupar com o que sente. Presumo que você faça o que for preciso para manter seu corpo saudável e em forma. Isso significa conseguir alimento e manter tudo limpo.

Eu estou certo? Acredito que sim. Agora, por que você não se esforça tanto para se sentir bem como se sente em seu corpo? A decisão é sua no final, de qualquer forma. Embora você pudesse continuar e permitir que todo o mundo o puxasse para baixo, ou você decide se levantar.

Ao se levantar, você levanta todos à sua volta e talvez até mais pessoas do que você possa imaginar.

Onde quer que você esteja no mundo, em que circunstâncias, situações, ou em que país você está vivendo, só depende de você aumentar suas energias. Não espere que ninguém o faça por você. Ninguém pode elevar sua energia, exceto você.

Sim, outros podem te ajudar dando uma carona, mas isso poderia ser apenas um ponto de partida.

É bom se outros fizerem algo por você. Eu sei, realmente é.

Aprecie o máximo que puder. Se você cavar suficientemente fundo, descobrirá que há coisas dentro de si mesmo que ninguém mais poderia mudar, exceto você.

Não tenha medo. Todas estas coisas são apenas lembranças em forma de energia. E você é a energia mais alta de todas. Por que não usá-la para o seu bem e de todos os outros? Parece bom? Ótimo.

Vamos fazer algo juntos agora. Aumente o amor que você sente por si mesmo. Você não sente amor por si mesmo? Eu não acredito nisso. Você sente sim, mas tem medo de que lhe digam para ser vaidoso se você se ama a si mesmo. Isso é estranho.

O amor nunca dói. O amor traz sua vida em harmonia, e isso às vezes pode ser assustador. No entanto, continue amando. E caso você tenha medo de ficar orgulhoso demais de se amar, não se preocupe. Se você se ama a si mesmo, o orgulho não tem chance.

Isso porque o Amor é muito mais alto do que o Orgulho. O Amor que eu quero dizer aqui é incondicional, que é o verdadeiro e único Amor que existe. Qualquer coisa diferente disso não é Amor. Pelo menos não do meu ponto de vista.

Vamos lá novamente. Ame-se um pouco mais. E um pouco mais. E um pouco mais. Apenas permita que o amor flua através de você. O que você sente? Está se sentindo melhor ou pior? Você pode se sentir pior, pois de alguma forma todos nós temos uma relação estranha com o amor. Isso significa que resistimos ao aceitá-lo em nós mesmos.

Ou não aceitamos o amor em nós mesmos quando não tivermos feito algo de valor para recebê-lo. Assim, sentimos que não somos suficientemente bons para sermos amados.

Honestamente, não é verdade que você precisa ser de uma certa maneira ou fazer certas coisas para que valha a pena receber amor.

Basta ir em frente e dar amor a si mesmo. Sim, agora mesmo. Convide o amor a subir em você mesmo e observe o que acontece.

Você não poderia forçar o Amor. Basta permitir e observar.

Esperamos que agora você tenha uma melhor compreensão do porquê de seu ambiente ou circunstâncias não importarem. Você tem o maior impacto em seu mundo.

Quando você continua se mantendo em alta energia positiva, você reconhecerá que tem um impacto muito maior em sua experiência de vida do que qualquer outra pessoa.

É sua decisão que dá ao seu ambiente ou circunstâncias poder sobre sua experiência.

Se seu ambiente ou circunstâncias o puxam para baixo, então é porque você coloca sua atenção nele constantemente.

Concentre sua atenção no que você quer, em sua energia positiva. Você é uma energia positiva. Concentre-se no amor.

SINTA-SE ÓTIMO: A Decisão é Sua!

Vamos resumir o papel de seu ambiente e por que isso não importa:

- ▶ Seu Ambiente é todo mundo e tudo ao seu redor. Se você tem uma perspectiva expansiva, então seu ambiente é o Universo inteiro.
- ▶ Seu Ambiente está lhe apontando de volta para si mesmo. Com tudo o que você sente, você é lembrado de olhar para si mesmo.
- ▶ Seu Ambiente tem um impacto em seus sentimentos, assim como em suas ações/reações.
- ▶ Você decide permanecer no nível de energia de seu ambiente.
- ▶ Você pode decidir ser positivo ou negativo, não importa o nível de energia de seu ambiente.
- ▶ É um hábito subconsciente seguir o nível de energia de nosso ambiente.
- ▶ Repetindo constantemente nossa decisão de permanecer positivos e amorosos, poderíamos até mesmo influenciar o nível de energia de nosso ambiente.
- ▶ Você decide ser positivo ou negativo. A decisão é sempre sua. Você pode ser positivo ou negativo, mas não os dois ao mesmo tempo.

Como Ficar Acima Ambientes e Circunstâncias Des-Energizantes

Todos nós já tivemos momentos difíceis. O ano 2020 pode ter sido um ano para você. Talvez uma vez você tenha perdido seu emprego ou seu dinheiro ou ainda pior alguém que você ama.

Todos esses eventos têm o potencial de nos levar a ser negativos. Não é necessário que seja assim. Mas não significa negligenciar os sentimentos de tristeza, dor ou o que quer que seja que você sinta.

Estes sentimentos são parte de nossa experiência humana. Podemos sempre reconhecer como nos sentimos e decidir se gostamos de nos sentir desta maneira.

Mesmo nos momentos em que pode não parecer possível para nós nos sentirmos positivos, uma vez que os próximos sentimentos são tão fortes, podemos decidir ser positivos e amorosos.

É preciso coragem para permitir que os sentimentos que surgem sejam e decidir deixá-los ir. Decidir se sentir mais positivo enquanto coisas ruins acontecem em sua vida requer prática. A cada momento, você pode usar os quatro passos descritos neste livro para mudar o que você sente.

Até agora, você tem visto que seus sentimentos são uma reação ao que acontece ao seu redor. Assim, se você não se incomodasse com o que está acontecendo, não teria nenhum sentimento a respeito.

Além disso, você já viu que é você quem decide ir com um sentimento ou decide sentir-se diferente.

Tudo isso tem um grande impacto em sua vida. Porque agora você pode ver que não é a vítima de seu ambiente ou circunstâncias.

Quanto mais você mergulha em sentimentos negativos, mais coisas negativas começam a acontecer em sua vida. Bem, o que é verdade para a negatividade também só poderia ser verdade para a positividade.

Estamos vivendo em um mundo de dualidade. Você precisa decidir. Você pode ter isto ou aquilo, mas não ambos. Da mesma forma, você não poderia ser negativo e positivo ao mesmo tempo.

Você não poderia estar triste e rir ao mesmo tempo. Você decide experimentar uma das duas. Dito isto, espero que você já tenha uma pista de como se manter acima dos ambientes e das circunstâncias de rebaixamento.

Sim, você está certo. Você decide ficar mentalmente acima deles. Seu poder é sua decisão. Mesmo que você precise decidir milhares de vezes.

Quanto tempo leva para você decidir? Honestamente, leva uma fração de segundo. Quando você decide, você decide. Feito. Não há discussão sobre o quê, por que e como você decide ou se pode haver uma decisão melhor.

Imagine pesar se sentir-se positivo é uma boa decisão quando você se sente negativo. Por que você decidiria por ser negativo? Você se sente bem por ser negativo? Não, não se sente. No entanto, por que não decidir ser positivo?

O Papel do Meio Ambiente e por que Isso Não Importa

Mais uma vez, você decide ficar acima do ambiente de rebaixamento ao seu redor. Decida e decida e decida que seus sentimentos são maiores do que qualquer coisa ao seu redor.

Não se trata de ser superior. Somos todos iguais. Todos temos acesso ao mesmo alto poder, que está dentro de todos nós. Além disso, temos mais em comum do que diferenças.

Você não precisa concordar com isso agora. Um dia, você poderá concordar comigo, já que vivenciou o que quero dizer acima.

Além disso, não é preciso acreditar em tudo o que foi dito acima. Você pode descobrir por si mesmo. Você tem que descobrir por si mesmo que tudo isso é verdade.

Porque somente se você descobrir por si mesmo, você sabe disso. E saber vem da experiência de que você é a energia, o poder. No entanto, este poder real que você é, é muito sutil. Você pode ignorá-lo.

É sutil, como é o verdadeiro amor incondicional. O mesmo se aplica à água, por exemplo. A água pode ser tão sutil e suave. Por outro lado, a água pode ser tão poderosa e destrutiva, que você quer sair do seu caminho o mais rápido que puder.

A energia dentro de você é semelhante à água. Mas mesmo que ela aja com força, ela ainda pode ser muito mais suave do que a água. Não tenha medo. Você não pode prejudicar a si mesmo ou aos outros quando estiver usando amorosamente seu potencial de alta energia. Você está usando ele de qualquer maneira, sem estar ciente disso. Isso é porque você é essa energia. Note por si mesmo. De onde você tira sua energia? De dentro de si mesmo, certo?

Você pode sentir dentro dessa energia um pouco mais? E mais? E mais? Senti-la ainda mais? O que você sente? Seja o que for, deixe a sensação ir. Relaxe e deixe ir. No entanto, você se sente mais leve quando se solta. E a sensação de leveza mostra que você se solta. É assim que você prova para si mesmo. Mesmo que eu repita, quando criança, você instintivamente sabia como abandonar. É uma habilidade natural. Enquanto crescemos, esquecemos esta habilidade natural.

É assim que você se mantém acima dos ambientes e das circunstâncias de rebaixamento. Mas vamos recapitular, para ter o quadro geral:

But let's recap, to have the big picture:

► Ao decidir permanecer positivo, você poderia permanecer acima dos ambientes e circunstâncias de rebaixamento.

► Pode ser preciso alguma prática para permanecer positivo o tempo todo.

► É sempre sua decisão qual sentimento você segue ou se escolher um diferente.

► Você só pode experimentar seus sentimentos sobre seu ambiente ou circunstâncias.

► Os sentimentos que você tem sobre uma situação são apenas seus, cabe a você deixar ir esses sentimentos e decidir se sentir diferente.

► Você é o poder, pois é você quem toma a decisão.

► Trata-se de amor incondicional. Para você mesmo e para outros

► O Amor Incondicional é uma energia sutil, mas extremamente poderosa. Não se pode pensar, só se pode experimentá-lo.

Quanto Menos você Força, mais Fácil se Torna

Hoje, todos nós queremos resultados rápidos. Se queremos algo, queremos AGORA! A paciência parece ser uma palavra de épocas passadas. No caso de não conseguirmos o que queremos imediatamente, perdemos o interesse ou ficamos com raiva.

Nenhuma dessas reações está nos ajudando a nos sentirmos bem conosco mesmos. Quanto mais você força alguma coisa, mais sente que se afasta dela. Portanto, você força ainda mais as coisas.

E quanto mais você forçar, mais esforço você precisa fazer para que isso aconteça. É o oposto total de como realmente funciona. Quanto menos você força alguma coisa, mais fácil as coisas se tornam. Forçar também pode significar que você se força a fazer algo que você precisa fazer, mas não gosta de fazer.

Não gostar de fazer a coisa faz com que você se obrigue a fazê-la, e é preciso muita energia. Quando você decidir fazer isso e permitir que seja fácil, as coisas podem acontecer mais facilmente do que você pensa.

Quanto Menos você Força, mais Fácil se Torna

E todos nós temos coisas que precisamos fazer e das quais não gostamos. Temos que fazê-las de qualquer maneira. No entanto, por que não torná-la o mais fácil possível?

Às vezes a força de vontade pode nos impedir de fazer as coisas. A força de vontade não é boa e não é má. Você e eu só temos que ter consciência de como usamos nossa força de vontade e a que nível a colocamos em algo. Mais força de vontade não significa que as coisas funcionem melhor.

Dependendo das coisas que você gosta de fazer ou alcançar, pode ser o suficiente para colocar apenas um pouco de força de vontade. Apenas força de vontade suficiente para mantê-lo em atividade.

Aqui, força de vontade também pode significar uma decisão que você tomou com total determinação. Você está determinado a atingir seu objetivo.

No entanto, você não está forçando sua meta a existir. Sim, eu sei que parece estranho. Imagine que você quer que algo funcione mal. Parece algo poderoso, e também há alguma incerteza sobre como realmente fazer isso acontecer.

Quando você relaxa e se concentra no resultado e permite que as coisas aconteçam, você coloca muito mais concentração e maior energia no resultado. Isto pode até parecer menos cansativo.

O sentimento de incerteza/dúvida, se você puder fazer acontecer, é meio normal. Mas isso não significa que tenha que ser assim. Quando você chega ao nível certo de determinação e energia que você coloca em algo, chega a um ponto em que você sabe que isso vai acontecer.

Você não pode forçar coisas boas a te acontecerem constantemente. Você tem que permitir que coisas boas aconteçam com você constantemente.

Para conseguir isso, tudo o que você precisa fazer é concentrar-se nas coisas que acontecem dentro de si mesmo. Seus sentimentos e pensamentos são as coisas que você precisa observar. Por favor, não tente forçar seus sentimentos e pensamentos em uma direção específica. Decida!

Decidir é muito mais poderoso do que forçar uma mudança. As decisões são tomadas em uma fração de segundo, de novo e de novo. Forçar algo a mudar é colocar energia nisso permanentemente, o que não é necessário. Esta última pode ser exaustiva.

Seja inteligente - Decida!

Você pode realmente ter sucesso colocando muita energia naquilo que você quer alcançar ou mudar. Mas isso será inteligente? Acho que não.

Quanto menos energia você precisar para conseguir algo, melhor. Sim, às vezes, pode ser necessário um esforço maior para conseguir algo. No entanto, isso não significa que você tenha que fazer isso o tempo todo. É um bom hábito observar a si mesmo e reconhecer quando você começa a empurrar as coisas para acontecer por dentro. Relaxe e concentre-se no resultado final que você gosta de alcançar.

Em seguida, siga em frente. Faça o que precisa ser feito, mas faça com e do Amor.

Quanto Menos você Força, mais Fácil se Torna

Se você não consegue sentir Amor e/ou Alegria enquanto faz algo, basta sorrir, e você pode se sentir muito melhor.

Lembre-se, você precisa decidir. Você pode estar sorrindo e ser feliz ou desaprovando e se sentindo mal. Mas você não pode fazer as duas coisas ao mesmo tempo.

Vamos resumir:

► Todos nós queremos resultados rápidos, se não imediatamente.
► A paciência parece ser uma palavra do passado.
► Estamos constantemente nos pressionando por resultados.
► O uso de pura força de vontade nem sempre é a melhor decisão.
► Tomar uma decisão firme pode ser ainda mais poderoso do que usar somente a pura força de vontade.
► A força de vontade é usada para se manter concentrado em seu Resultado Final e não para fazer o Resultado Final acontecer.

Como Manter sua Decisão de se Manter em Alta Energia

Você pode se perguntar, mas precisa de sua decisão para se manter em alta energia. E é preciso sua observação para ver se você se afasta.

Caso você se afaste da energia superior, você tem que decidir novamente para se sentir melhor. Portanto, é um processo contínuo de monitoramento onde você se encontra no momento.

Mas espere, isto pode parecer muito trabalho. Pode ser que esteja no início. Com o tempo, você se acostuma a ter consciência de como se sente e pode se direcionar para uma energia mais elevada.

O processo para permanecer em alta energia é simples também. É preciso apenas sua observação interna e uma decisão.

Acho que este último é algo que você já esperava. Sim, sempre se trata de sua decisão. Apenas um lembrete rápido. Não se trata de reprimir quaisquer sentimentos ou pensamentos. Permita-lhes ser. Eles são apenas energia.

Como Manter sua Decisão de se Manter em Alta Energia

O momento em que você reconhece que se sente incomodado ou negativo sobre algo é o momento que você precisa decidir ser positivo e amoroso.

Claro, você tem que repetir a decisão repetidamente, mas é um processo rápido. Decidir leva apenas um segundo ou menos. Assim, você pode fazer isso facilmente e rapidamente com a frequência que precisar.

É suficiente decidir ser positivo e amoroso cada vez que você reconhece que é negativo. Com o tempo, você se torna mais presente a seus sentimentos e pensamentos, assim como a sua energia superior.

A repetição é como as coisas são aprendidas e melhoradas.

Para resumir novamente:

▶ Observar seus pensamentos e sentimentos o ajuda a reconhecer quando você se afasta da alta energia positiva.
▶ Permitir que sentimentos e pensamentos negativos surjam.
▶ Tomar uma decisão é como você se mantém em uma energia mais alta.
▶ A repetição é fundamental. Decida repetidamente até sentir a energia superior.
▶ Use o Processo descrito no capítulo "Como Chegar à Energia Superior em 4 Passos Simples", começando na página 49.

Como um Parceiro Responsável pode te Ajudar a Aumentar sua Energia

Às vezes é bom que haja alguém ao nosso redor que possa nos apontar na direção certa. Isto também é verdade em relação a permanecer em energia mais alta. No caso de você entrar em energia negativa, outros poderão reconhecê-la mais cedo do que nós mesmos.

Embora, se você tem alguém que o conhece bem e está disposto a apontar quando você não parecer positivo, isso pode ser útil.

Seu parceiro deve saber que isto não deve ser usado para te desaprovar, se você cair em negatividade. Isso seria contraproducente. Também não se trata de forçar você a reprimir seus sentimentos.

Portanto, faz sentido encontrar alguém que também goste de se manter em alta energia. Então ambos poderiam lembrar um ao outro sobre permanecer em alta energia.

Além disso, pode não ser uma boa idéia selecionar um membro da família. Isto se deve ao fato de que somos muito mais acionados por membros da família do que por outras pessoas.

Um bom amigo seu pode ser a melhor escolha para você. Entretanto, ter um parceiro responsável não é uma exigência. A única coisa que é exigida é sua decisão e determinação.

Sim, é novamente a sua decisão que conta. Caso você decida ter e encontrar um parceiro responsável, você pode descobrir que é um pouco mais fácil permanecer em uma energia mais alta.

Como Manter sua Decisão de se Manter em Alta Energia

Isto porque a energia superior é contagiosa. Portanto, se duas ou mais pessoas se reúnem com alta energia ou com a intenção de melhorar seu nível de energia, a elevação é um pouco mais fácil.

Não me interprete mal, não é necessário ter um parceiro. Você pode entrar na energia mais alta e ficar lá sozinho.

Às vezes ainda pode ser uma boa idéia ter um parceiro. Acho que você entendeu meu ponto de vista. Mesmo que você tenha um parceiro, não precisa depender um do outro.

É uma ligação solta. Vocês se encontram quando um ou ambos precisarem.

E como você já sabe, não é preciso muito tempo para se entrar em energias mais altas.

Mas como você faria isso quando você tem um parceiro? Bem, um poderia guiar o outro liderando o processo em 4 etapas.

É muito fácil. Quer que seja ainda mais fácil? Eu pensei nisso.

Você poderia simplesmente usar a etapa 4. Sim, pergunte ao outro qual sentimento que ele/ela gosta de sentir e decida se sentir assim.

Por exemplo, seu parceiro pode querer sentir mais alegria. Peça ao seu parceiro: Permita que a alegria venha à tona! Consegue permitir que mais alegria venha à tona? Você pode permitir que ainda mais alegria surja?

E assim por diante. Seu parceiro pode confirmar a pergunta com um sim ou não dizer nada e apenas observar. De qualquer forma, funciona.

É claro, responder é melhor se vocês trabalharem juntos por telefone. Assim, cada um de vocês sabe que o outro ainda está usando o processo.

Você sabe o que fazemos agora? Sim, resumimos novamente:

- ▶ Um parceiro poderia lembrá-lo de permanecer em uma energia positiva mais alta.
- ▶ Escolha um parceiro de fora de sua família, pois os membros da família podem te gatilhar muito mais do que os outros.
- ▶ Um parceiro poderia ajudar você a obter uma energia positiva e alta mais fácil.
- ▶ Você não precisa de um parceiro, mas às vezes isso pode ajudar.

Método de 30 Segundos para Parar de se Abafar ou Qualquer Outro Sentimento

É uma coisa boa saber como sair de um mau humor muito rapidamente.

Mesmo que você tenha que repetir o processo várias vezes até sentir que está se tornando mais energético.

Aqui está um método simples de 30 segundos para ajudar você a sair de uma sensação forte:

▶ Inspire profundamente.
▶ Expire lentamente.
▶ Repetir a respiração lenta e profunda pelo menos mais duas vezes.

Você pode fazer o que quiser - mas, por favor, faça algo positivo. Mesmo que você salte por aí ou resolva uma equação matemática. Isso ajudaria. Por quê? Porque afasta seu pensamento e sentimento da sobrecarga ou de qualquer outro sentimento que você tenha e não goste.

Isto não quer dizer que o sentimento avassalador tenha desaparecido. Este método apenas permite que você volte a ter o controle.

Estando mais no controle, você pode então praticar o processo simples de quatro etapas descrito anteriormente. O uso da respiração profunda tem vários efeitos positivos.

Primeiro, ajuda você a se acalmar. Segundo, fornece mais oxigênio, o que é bom para o seu corpo de qualquer maneira. Terceiro, ele afasta sua mente daquilo que o incomoda.

E, finalmente, ajuda você a se soltar da sensação à medida que está se tornando mais relaxado.

Quando você está tenso, não se pode deixar de sentir isso. Você está muito ocupado agarrando-se a ele ou tentando evitá-lo. Se você só relaxar, você poderia deixar a sensação se dissolver.

Experimentando sentimentos fortes que o fazem sentir-se tenso, é semelhante a um cão estar fora de controle e não reagir a nada.

Não importa o que você grite com o cão, o cão continuará fora de controle. Mas se você distrair o cão do que ele está fazendo no momento, ele pode se acalmar, e você está no controle.

O mesmo nos acontece com um sentimento esmagador ou qualquer outro sentimento forte. Ninguém pode lhe dizer para relaxar.

Sua mente está muito ocupada com a coisa que causou a sobrecarga. Tirar a mente do caminho para algo diferente, como respirar fundo, permite que você volte a ter o controle.

Como já foi dito, tem muito mais benefícios. Pode demorar menos de 30 segundos para que a mente se desvie do caminho.

Leva apenas um segundo. O momento em que se começa a respirar fundo é onde se decide acabar com a sobrecarga. Além disso, a respiração profunda pode ser feita em qualquer situação. Ninguém ao seu redor irá sequer notar isso.

Como Manter sua Decisão de se Manter em Alta Energia

Você reconhece algo aqui, de que temos falado o tempo todo nos capítulos anteriores? Sim? Do que se trata? Sim, você está certo. Mais uma vez, é tudo sobre sua decisão.

Você decide se acalmar e tirar sua mente do caminho.

Suas decisões são uma ferramenta poderosa. Uma decisão que você tomou será tomada até que você decida pará-la ou modificá-la.

É semelhante a um programa em seu computador. Você inicia o programa com uma decisão, e ele continua funcionando até fechar o programa. Ele pode ser executado em segundo plano enquanto você não estiver usando.

O mesmo é válido para suas decisões. Decida cuidadosamente e apague as decisões que você não gosta mais de executar.

Como apagar decisões antigas? No momento em que você está ciente de uma decisão antiga, você decide simplesmente abandoná-la. Isso é tudo.

Aqui está o resumo novamente:

▶ Respire fundo ou faça qualquer coisa para quebrar qualquer sentimento forte e intenso.
▶ Sua decisão é o que faz a diferença. Você decide estar calmo.
▶ A respiração profunda tem vários efeitos colaterais positivos.
▶ Elimine decisões antigas ao decidir abandoná-las

Existe um "Lado Negativo" para a Alta Energia?

Você pode se perguntar por que estar em alta energia ou se sentir bem poderia ter um lado negativo. Bem, nós vivemos em um Mundo de Dualidade, portanto sempre há dois lados para uma moeda.

Embora seja uma coisa ótima para você e as pessoas ao seu redor permanecerem em alta energia e se sentirem bem, pode haver pessoas que não gostam disso.

Então, o lado negativo é que algumas pessoas não vão gostar de estar ou ficar com você, se sua energia for alta. E pode até ser pessoas de sua família. Como já mencionado no capítulo sobre Meio Ambiente, tentamos derrubar todos à nossa volta, se tivermos a sensação de que eles podem se elevar acima de nós.

Isto acontece principalmente por causa de um hábito subconsciente que todos nós temos. Todos nós gostamos de ser o Melhor, o Vencedor. Não gostamos de não ser tão bons quanto os outros. Não é pessoal. Não tem nada a ver com você. Além disso, é apenas um hábito.

Existe um "Lado Negativo" para a Alta Energia?

Você pode vê-lo em si mesmo quando se observa um pouco. Entretanto, não é uma boa idéia depender seu bem-estar e felicidade em nada ou em qualquer pessoa.

Quanto mais você ama, mais terá as pessoas ao seu redor com as quais você gosta de passar tempo e que gostam de passar tempo com você. Outra desvantagem pode ser que você esteja tentando ignorar qualquer sentimento negativo que possa ter. Isso não vai funcionar a longo prazo.

Permanecer em alta energia não significa impedir que sentimentos e pensamentos negativos surjam. É muito melhor usar seu nível de energia superior para permitir os sentimentos e pensamentos negativos e deixá-los ir.

Você pode descobrir, ao fazer o acima exposto, que sua energia está ficando ainda maior. E não se pergunte quando sua vida começa a melhorar ou piorar. Se está ficando pior, você precisa continuar, pois há uma limpeza acontecendo. É como separar as coisas velhas. Você simplesmente dá ou joga fora as coisas de que não precisa mais. Isso também acontece enquanto você está aumentando sua energia.

E, claro, sua vida melhorará em um ponto, se você continuar fazendo o trabalho descrito neste livro. Não culpe ninguém se você parar e as coisas continuarem as mesmas como antes. A decisão é toda sua. Você provavelmente sabia que eu ia dizer isso novamente.

Você decide. Basta fazer isso conscientemente e em uma direção, você gosta das coisas rápidas. Você está com medo agora? Eu posso entender. Nunca sabemos o que vai acontecer em nossa vida, quando decidimos fazer algo ou não.

A própria vida é incerteza. Apenas uma coisa é certa - um dia seu corpo vai morrer. Qualquer outra coisa é incerta.

Todos nós nos esforçamos para tornar nossa vida mais certa e segura.

A maior certeza e segurança que você já poderia ter se encontra dentro de si mesmo. Você não precisa acreditar nisso agora.

Pratique os 4 Passos e descubra por si mesmo.

Pode haver mais desvantagens, mas nenhuma me vem à cabeça neste momento.

As vantagens são muito mais do que as desvantagens. O que foi exposto é o que você precisa estar ciente.

Dito isto, vamos recapitular:

▶ Nem todos podem gostar quando você está em alta energia e se sentindo ótimo.

▶ Todos nós tentamos derrubar outros se sentirmos que eles são melhores do que nós. Não é pessoal.

▶ Mesmo os membros da família podem não querer que você melhore.

▶ Quanto mais sua energia está se transformando em energia cada vez maior, pode haver coisas e/ou pessoas deixando sua vida. É só limpar sua vida. Continue até que esteja melhor.

E Agora?

Espero que tenha gostado de ler este livro e se tenha divertido fazer os exercícios. Quaisquer que tenham sido suas experiências, meu desejo para você é que tenha a coragem e a persistência para continuar usando os exercícios em sua vida diária.

Para manter seus esforços, você pode fazer disso um hábito regular. Quanto mais vezes você fizer os exercícios que descrevi, melhor poderá se sentir.

Sentir-se melhor é apenas o início de sua jornada. Quanto melhor você se sentir, quanto mais energia positiva você enviar, melhor sua vida poderá se tornar.

Eu não posso garantir isso a você. Porque cabe a você fazer o que é necessário. Eu não posso fazer você se sentir melhor, não posso melhorar sua vida, eu só posso lhe mostrar como fazer isso por você mesmo.

No entanto, há coisas que você poderia fazer por si mesmo para que isso funcione para você. Aqui estão algumas idéias:

E Agora?

- ▶ Reserve um tempo para você mesmo todos os dias. Alguns minutos podem fazer isso para começar.
- ▶ Observe o que você sente.
- ▶ Reconheça se você está tentando forçar o sentimento de bem/amor.
- ▶ Aceite o amor por si mesmo.
- ▶ Aceite o Amor e a Paz para todos.
- ▶ Tenha alguma quietude de vez em quando ou com mais frequência, sempre que você sentir que precisa.

Se você gostaria de ter mais alguma assistência, você pode se inscrever para uma assinatura gratuita em meu site.

Caso você goste deste livro, e ele o ajudou, eu realmente agradeço se você reservar um tempo e escrever uma resenha através do local onde o comprou.

Ou envie um testemunho, bem como quaisquer perguntas ou sugestões que você tenha para: books@selfcoaching365.com

PARABÉNS sobre ter lido este livro e ter começado uma viagem maravilhosa.

Desejo a todos vocês o melhor da vida e muito amor.

Saudações,
Stephan

Agradecimentos

Esta seção é para dizer obrigado. Obrigado a todas as pessoas que tiveram um impacto em mim e em minha jornada.

Isso inclui você também. Se você não lesse este livro, faltaria algo.

É claro, agradeço o apoio de meus parentes, amigos e muitas outras pessoas (o que inclui você novamente). Eu me sinto realmente abençoado.

Graças à Vida e ao Amor também por me permitir estar em uma jornada incrível que continua me lembrando de quem eu realmente sou.

Sou grato pela possibilidade de estar nesta viagem e por todos que me ajudaram até agora. São muitas pessoas para listar todos os nomes aqui.

Portanto, OBRIGADO a cada um de vocês.

Se você gostou, **Sinta-se Ótimo: A Decisão é Sua!** você também pode gostar...

Fique Focado e Faça as Coisas (Somente em inglês)

Você está cansado de estar "Sempre Ocupado"? Então este Relatório sobre um Exercício de Foco pode ser o que você precisa. Um método simples mas eficaz para se concentrar no que você quer. Você pode baixá-lo gratuitamente quando você for membro do www.selfcoaching365.com. Um áudio de um exercício de foco orientado também está disponível para os membros. (Somente em inglês).

Ame Você Livro de Exercícios - Ame Tudo, Todos E Você

Este livro de exercícios o Ame a Si Mesmo tem como objetivo ajudá-lo a permanecer positivo e amoroso. Ele fornece formulários diários durante 12 semanas para facilitar o aumento do amor por si mesmo, por tudo e por todos, assim como pelo mundo. Todos procuram o amor o tempo todo. No entanto, o amor a nós mesmos parece ser um problema.

Se nos amássemos a nós mesmos, não precisaríamos perseguir os outros para nos amar. Mas esquecemos que ser positivo e amoroso começa com cada um de nós. Quando você é positivo e amoroso, você faz o melhor por si mesmo, pelos outros e pelo mundo. Neste livro de trabalho você vai responder perguntas simples, porém poderosas, para aumentar sua consciência de seu próprio amor.

Os números ISBN e os lugares onde você poderá comprar o livro estão disponíveis em meu site: www.selfcoaching365.com/blog

Exercício de Referência Rápida:

Os exercícios começam ou podem ser encontrados nas páginas referenciadas abaixo.